성령을 받으라

성령을 받으라

초판 1쇄 발행 2024년 1월 22일

지은이	김익두
엮은이	키아츠
펴낸이	손영란
편집	류명균　최선화
디자인	조유영

펴낸곳	키아츠
주소	서울시 도봉구 마들로 624, 302호
전화	02-766-2019
팩스	0505-116-2019
홈페이지	www.kiats.org
이메일	kiatspress@naver.com
블로그	blog.naver.com/kiatspress
페이스북	www.facebook.com/kiatspress

ISBN 979-11-6037-215-1(03230)

이 책은 1940년 최인화가 펴낸 《김익두 목사 설교집》을 주 인용본으로 했으며, 이 외에도 《신앙의 로》(1924), 〈부활운동〉[제2권(1936.12) 제4권 12호(1938.12) 제5권 2호(1939.2)], 〈새사람〉 제4집(1937.4), 〈신앙세계〉 제9권 1호(1940.1), 《희년기념설교집》(1940), 《김익두 목사 설교집 및 약전집》(1969)에 게재된 김익두 목사의 글을 엮은 것입니다. 2008년 키아츠가 엮고 홍성사가 출판한 '한국 기독교 지도자 강단설교' 《김익두》의 개정판으로 저작권은 키아츠에 있습니다. 무단 전재와 복제를 금합니다.

성령을 받으라

김익두 지음 | 키아츠 엮음

차례

키아츠 20주년 기념판 서문 6
2008년판 서문 12
머리말 14

1장 말씀과 성령 27

성경은 하나님의 말씀 28
예수가 하나님의 아들 되는 증거 38
주를 더 사랑할 것 46
십자가의 도 56
성신을 받으라 62
성신 받는 분별 79

2장 기도와 순종 89

기도 90
근신 109
순종 114

3장   좁은 문으로 들어가라 119

그리스도의 종 120
주일을 거룩히 지키자 129
일곱 가지의 좁은 문 138
좁은 문으로 들어가라 148
요셉의 신앙 155
연약한 것을 면하고 신령해지자 160
신자의 즐거움 171
서로 사랑하라 180
하나님의 기뻐하시는 아들딸이 되자 201
이때는 깰 때다 211
처음 믿음을 잃지 마라 217

김익두 목사 연표 224
참고문헌 225

키아츠 20주년 기념판 서문

세계 기독교 영성 선집에 새롭게 자리한 한국 기독교 유산

키아츠KIATS는 2004년 설립되어 한국 기독교의 신앙 유산을 학문적으로 정리하고 이를 국제적으로 알리는 일을 일차적으로 시작했다. 영문잡지 *KIATS Theological Journal*은 그 첫 번째 결과물로 2005년부터 2009년까지 총 9권이 발행되었다. 한국 기독교를 영문저널을 통해 세계와 나누려던 작업에 미국 하버드대학교의 하비 콕스Harvey Cox와 프린스턴신학대학에서 내가 배운 선교학자 앤드류 월스Andrew Walls 교수를 비롯한 많은 분이 힘을 실어 주었다. 이 저널은 키아츠의 이후 연구서들이 전 세계로 나가는 일차적인 통로를 개척해 주었다.

영문저널에 이은 키아츠의 두 번째 작업은 '한국 기독교 지도자 강단설교' 시리즈로 2008년부터 4년간 한국 기독교를 대표하는 목회자와 신학자 10명의 설교와 글을 묶어 한글과 영어로 출간했다. 키아츠 연구진의 연구에 기초해 홍성사가 한글책을 출간했고, 키아츠는 영어번역본을 동시에 출간했다. 이 시리즈는 교단을 초월해 한국 기독교의 특징을 가장 잘 보여주는 10명의 인물을 간추려 이들이 남긴 기록문서를 통해 한국 기독교를 정리하려는 의도로 진행되었다. 우리는 여러 연구자들과 목회자들과 해당 인물 후손들의 도움을 얻어 길선주, 김익두, 주기철, 손양원, 이성봉, 이용도, 김교신, 김정준, 한상동, 김치선 작품 선집을 출간했다. 이 과정에서 홍성사의 정애주 사장과 편집자들의 보여준 사랑은 이후 키아츠 연구·출간에 큰 도움이 되었다. 이때 간행된 책 중에서 길선주, 주기철, 손양원, 이성봉의 작품은 중국어 번역본까지 출간되었다.

이후 키아츠의 연구는 '한국 기독교 고전 시리즈' '한국 기독교 선교사 시리즈' '기독교 영성 선집' 등으로 확장되었다. 특별히 2011년부터 시작된 '기독교 영성 선집'은 전 세계 기독교의 주옥같은 작품을 '펭귄북스' 같이 한 손에 들어올 만한 작은 크기로 간행했다. 이 시리즈는 2천 년 세계 각국의 기독교 영성 작품뿐만 아니라 아시아와 한국 같은 그동안 주목받지 못했던 나라의 기독교 신앙 유산까지 담아내는 것을 목적으로 삼았다. 이 시리즈는 2023년까지 총 25권이 발행되었다.

2024년 키아츠 설립 20주년을 맞아 과거에 간행했던 '한국 기독교 지도자 강단설교' 중에서 독자들의 사랑을 많이 받은 5명의 작품 – 길선주, 김익두, 주기철, 손양원, 이성봉 – 을 새롭게 다듬어 내놓게 되었다. 초판이 원전의 맛을 살리기 위해 가급적 원문을 그대로 남겨 두었다면, 이번에는 누구나 쉽게 읽을 수 있게 고어와 한자를 가능한 한 풀고 현재 사용하지 않는 일부 어투도 쉽게 바꾸었다. 시대가 변함에 따라 언어가 변하기에 현재에는 사용하지 않는 죽은 말들, 익숙하지 않은 어투를 제거하는 새로운 편집이 필요하다고 느꼈기 때문이다. 우리는 글을 편집하면서 젊은 청년을 독자로 상상했다. 지금으로부터 약 100년 전에 태어나 지금과는 다른 말과 글을 쓴 저자들의 의도를 젊은 세대에게 쉽고 명확하게 전달하고 싶었다. 비록 글은 오래되었지만, 글 속에 흐르는 신앙 정신은 지금도 여전히 우리의 가슴을 울리는 힘이 있기 때문이다.

'고전의 현대화'라는 원칙을 정했지만, 글에는 언제나 예외가 있다. 한자어를 가능한 한 풀어서 썼지만 한글로 풀면 너무 길어지는 경우, 한글로 풀기에 적당한 단어를 찾기 어려운 경우 원문 그대로 두었다. 또한 내용 이해를 방해하지 않는 예스러운 표현은 고전의 맛을 살리고자 일부 남겨 두었다. 옛글을 오늘날의 언어로 수정하는 과정에는 늘 위험이 따른다. 글이 부드러워지면서 의미가 흐려지기도 하고, 현대어와 옛글이 공존하며 어색한 글이 될 수도 있다. 하지만 독자들이 이러한 노력을 과거 선진들의 신앙이 계속 다음 세대로 이어지기를 갈망하는 작은 몸부림이라 이해해 주면 좋겠다.

우리는 '기독교 영성 선집'을 출간하면서 세계 기독교와 한국 기독교의 작품을 독자들이 나란히 두고 같이 읽는 날을 꿈꾸었다. 독자들이 유럽 것과 한국 것의 구별 없이 골고루 고전과 원문을 읽다 보면, 키아츠가 소망했던 기독교 신앙의 합집합을 넓혀가고 교집합을 보다 확실하게 파악할 수 있을 것이라 믿었기 때문이다. 그래서 지금까지 기독교 신비주의 영성에 큰 영향을 미친 위-디오니시우스, 클레르보의 베르나르, 에크하르트를 비롯해 테클라와 페르페투아, 노르위치의 줄리안, 빙엔의 힐데가르트와 같은 여성의 작품들, 그리고 종교개혁의 문을 연 마틴 루터의 작품을 번역해 출간했고, 한국 기독교 작품으로 이세종과 이현필, 소록도의 이야기를 선보였다. 동시에 비잔틴기독교의 영성을 잘 보여주는 고백자 막

시무스, 닛사의 그레고리우스의 작품들과 한국 가톨릭의 순교적 고백을 잘 보여주는 《사후묵상》도 간행했다. 이번에 '한국 기독교 지도자 강단선교' 시리즈 5권을 새롭게 다듬어 다시 발행한 것은 그동안 영성시리즈에서 미흡했던 한국 기독교 작품의 비중을 높이고 기독교 영성 선집이 더욱 균형 잡힌 시리즈로 자리하는 계기가 마련해 줄 것이다.

주기철 목사는 신사참배 반대로 7년여 동안 혹독한 고문을 당하며 주님 가신 십자가의 길을 따라갔다. 손양원 목사는 자신의 두 아들을 죽인 원수를 용서함으로 사랑의 대 계명에 순종했다. 이처럼 5권의 책에 실린 글은 일본강점기와 한국전쟁의 질곡을 통과한, 삶으로 증명된 글이다. 그래서 투박하지만 힘이 있다. 우리의 영혼을 흔들어 깨우며 나 자신의 삶을 돌아보게 한다. 이들이 섬긴 크신 하나님, 목숨을 다해 사랑했던 예수님, 이들과 함께 했던 부흥과 열정의 성령님은 지금도 여전히 우리와 함께 하신다. 이러한 사실이 독자들에게 새로운 용기와 활력을 불어넣기를 기대한다.

언제나 그러하듯이, 이번 책들도 많은 분들의 수고와 노력이 누적된 결과이다. 원래 이런 꿈을 나누고 귀하게 간주해 주신 홍성사의 정애주 사장님과 스텝들, 키아츠 초기에 혼신을 다해 기초를 놓은 데 손을 잡아준 박은영 박사, 그리고 최근에 편집 조언을 해주신 신현기 선생께도 깊은 감사를 드린다. 그리고 오랫동안 키아츠의 연구와 출간 순례에 묵묵히 자리를 맡아준 류명균 팀장과 최선화 연구원의 노력에도 감사한 마음이다. 마지막으로 2008년 이 책이 처음 출간되었을 때 리먼 브러더스 사태로 인한 경제적 어려움에도 책을 사주시고 키아츠를 격려해주신 미국과 캐나다의 여러 교회와 성도들, 그리고 국내 교회와 성도들께도 감사를 드린다. 키아츠의 오늘날의 결과물은 그러한 선하고 아름다운 의지를 가진 분들의 힘이 한 올 한 올 모여 이루어진 것이다.

  2008년에 작성한 발행사는 여전히 키아츠의 연구와 출간의 기본자세를 잘 담고 있어 아래에 더했다. 그동안 키아츠의 연구 결과를 사랑해주신 분들이, 여전히 키아츠의 영성 선집을 사랑해주실 것으로 믿는다.

2024년 1월
키아츠 원장 김재현

2008년판 서문

한국 기독교는 세계 2,000년 기독교 역사에 유례가 없을 정도로 단시간에 박해와 고난, 열정과 헌신, 교회 성장과 선교와 같은 다양한 경험을 맛보았다. 이러한 경험은 조선 유학자와 초기 가톨릭 교우들의 논쟁, 박해와 순교를 내세와 참된 신앙에 대한 묵상으로 승화시킨 설교와 글과 시 등을 통해 고스란히 표출되었다. 하지만 현재를 사는 우리는 이를 가다듬지도, 그 진정한 가치를 온전히 인식하지도 못하고, 늘 서구 기독교만 동경하며 그 문화를 받아들이기에 급급했던 것이 사실이다.

최근 들어 지금까지 소홀했던 한국 기독교의 믿음의 유산을 발굴하여 현재의 삶과 신앙을 반성하려는 신앙인들이 늘고 있는 것은 무척 고무적인 일이다. 이런 맥락에서 키아츠(KIATS, 한국고등신학연구원)는 "믿음의 유산" 시리즈를 통해 한국 기독교의 유산을 집대성하고자 한다.

"믿음의 유산" 시리즈는 기독교 유래 초기부터 오늘에 이르기까지 한국 기독교의 특징을 잘 드러내 주는 신앙적 혹은 학문적 가치를 갖는 일차 문헌을 선별하여 담아낼 것이다. 먼저 목회자와 신학자를 포함한 성직자의 설교를 〈한국 기독교 지도자 강단설교〉로 묶어 펴낼 것이며, 그 밖에 사회운동가, 정치가, 사상가, 문인, 예술인 가운데 기독교적 정체성을 갖고 한국 기독교에 공헌한 분들의 작품도 묶으려 한다. 원전을 정리하고 선별함에는 저자의 설교문과 논문, 수필과 단상, 시와 선언문, 단행본과 전집 등 활자화된 문헌을 우선으로 한다.

이 시리즈를 통해 독자들은 그동안 묻혀 있던 한국 기독교의 보석같은 글을 다양하게 접하게 될 것이다. 이로써 치열하게 믿음의 본을 보이며 살다간 조상들의 신앙을 음미하여 오늘을 반추하며, 하나님께서 한국 기독교의 미래에 허락하실 원대한 계획을 꿈꿀 수 있을 것이다. 그뿐만 아니라 외국 번역물이 우리나라 기독교인들의 독서를 주도하는 상황에서 우리네 정과 풋풋함, 구수한 토속적 신앙을 한껏 맛보게 될 것이다.

가장 지역적인 것이 가장 세계적이라는 말이 있듯이, "믿음의 유산" 시리즈가 우리 것에 대한 진지한 성찰과 함께 세계적 차원에서 우리의 신앙을 발견하고 재정립하는 데 좋은 기회가 되길 소망한다.

머리말

한국의 드와이트 무디 김익두 목사

김익두 목사의 생애와 이적

김익두 목사는 한국 교회의 부흥회를 대표한 인물로, '한국의 무디'라고 할 수 있다.

그는 1874년 1월 3일 황해도 안악군 대원면 평촌리에서 농부인 김응선의 독자로 태어났다. 17세에는 과거를 보았으나 낙방하였고, 같은 해 상업을 시작했으나 실패했다. 그 뒤에, 술과 놀음을 좋아하는 완력가가 되어서, 안악군 일대에 그를 모르는 사람이 없을 정도였다

1900년 27세 되던 해 김익두는 윌리엄 스왈른William Swallen이 인도하는 집회에 몰래 참석하였다가 영생에 대한 설교를 듣고 마음에 크게 찔림이 있어서 기독교 신자가 되기로 결심했다. 그로부터 세례를 받을 때까지 10개월 동안 그는 언행을 삼가면서 성경을 100번이나 읽을 정도로 경건한 생활

을 했다. 김익두는 1901년 1월 마지막 주일에 스왈른 목사에게 세례를 받았다. 그리고 1906년에 평양신학교에 입학해서, 1910년에 제3회로 졸업해 목사 안수를 받았다.

김익두는 황해도 신천교회에 시무하면서부터 불같은 성령의 임재, 기적의 신유를 가져오는 부흥목사로 부각되었다. 신유의 은사가 본격적으로 나타나기 시작한 것은 1919년 12월 경북 달성의 현풍교회 사경회 때였다. 3·1운동 이후 민족의 좌절과 슬픔 속에서, 사회주의자와 무신론자의 도전, 정신적인 황폐, 교회의 침체, 자유주의 신학이 머리 들기 시작할 때 하나님은 김익두 목사를 세우시고 민족 구원의 대역사를 시작하셨다. 좌우를 돌아봐도 소망 없는 이 민족에게 하나님께서 '이적'의 방법을 통하여 일하셨다. 김익두 목사의 부흥회와 설교운동은 이적이 동반되는 집회였다.

그는 하나님이 보내신 독특한 사명을 지고 나선 한국 교회의 지도자였다. 김익두 목사의 부흥운동에 이적 기사가 나타나므로 재령의 림택권林澤權 목사가 이적명증회異蹟明證會를 조직해서 3년간이나 각처에서 나타난 이적들을 실제로 조사하고, 1921년에 《조선예수교회 이적명증》을 발행했다.

한편, 황해노회는 1922년 총회에 이 사실을 건의해서 장로회 헌법 제3장 1조, 곧 "금일에는 이적 행하는 권능이 정지

되었느니라"는 조문의 수정을 건의하였고, 총회는 다음 해인 1923년 이를 채용하여서 각 노회에 전달했다. 김익두 목사의 부흥회 중에 일어난 이적의 사실은 당시의 신문에 여러 각도로 보도되었다. 어떤 신문은 김 목사의 이적을 세계 3대 불가사의로 말했는가 하면, 어떤 신문은 "벙어리가 말하고 앉은뱅이가 걸어감"이란 제목을 뽑았다.

이후 김익두 목사는 서울 남대문교회와 승동교회를 담임했다. 또한 태평양전쟁이 일어나면서 잠시 활동을 중지하기도 했지만, 해방과 함께 1946년 북한기독교연맹에 가입하는 등 이북 교회를 돌면서 집회를 인도했다. 그러나 1950년 10월 14일 새벽예배를 마치고 나오다가 후퇴하는 인민군에게 총살되었다.

김익두 목사와 그의 설교

하나님은 교육적인 배경이 별로 없는 김익두 목사를 특별히 쓰셨다. 김익두 목사가 24년간 봉사한 신천교회의 한 성도가 말한 것을 김인서는 다음과 같이 기록하고 있다.

"'우리 김 목사님은 기도를 많이 하고, 교인을 많이 사랑하며, 성경을 잘 가르쳤습니다'라고 한다. 강단의 김익두는 사자 같건만, 교회의 김익두는 자애로운 아버지였던 것이다."

김익두 목사는 신천교회를 떠난 지 11년이 되었을 때도 일년에 한 번씩 신천교회 부흥회를 인도하러 와서 교회와 학교를 돌보았다. 24년 목회하던 교회에서 11년간 계속 부흥회를 인도한다는 것은 성경에 통달한 자나 대설교가가 아니고서는 불가능한 일일 것이다. 그만큼 김익두 목사의 설교는 불같은 열정과 다양성을 가진 설교였다. 김익두 목사가 부흥회를 인도한다고 하면 수십 리 밖에서도 사람들이 몰려와서 인산인해를 이루었고, 교회 안은 비좁아 밖에 평상을 내어놓고 그 위에 올라가서 설교하였다. 삼천리 방방곡곡 어디든지 김익두 목사의 힘 있는 설교를 듣지 않은 사람이 없을 정도로 그의 설교는 대단했다.

김익두 목사의 설교를 통해서 주기철 목사가 은혜를 받았으며, 특히 전재선 목사와 이성봉 목사 같은 한국 교회의 위대한 부흥사들이 그의 후계자가 되었다. 김익두 목사는 주님의 사역을 시작한 지 반 세기 동안, 한국은 물론이고 중국과 시베리아, 일본까지 그의 발길을 옮겨 776회의 부흥회를 인도했고, 150개 처에 교회당을 건축하였으며, 2만 8,000여 회의 설교를 감당한, 그야말로 이 땅의 구령사업의 최선봉에 서 있었다.

김익두 목사의 설교 형태와 방법을 구체적으로 정리하면

다음과 같다. 그는 우선 설교의 방향을 결정해 두고, 그 방향에 따라 설교 내용을 채웠다. 그리고 성령의 능력과 기도의 힘, 그리고 소박한 신앙, 고난 이후에 낙이 오리라는 메시지를 전하였다. 설교 주제는 그리스도의 십자가와 보혈, 부활, 천국 등 회개를 강조한 부분이 많았다. 동시에 우리 민족의 잘못된 인습을 고쳐야 할 것을 틈틈이 설교했다.

또한 비기독교적인 것과 미신적인 것, 불신앙적인 관행, 무당, 주술적인 물건 숭배 등 비-복음적인 요소를 과감히 지적했다. 특히 미신타파를 위한 그의 설교는 익살과 유머가 풍부한 것으로서 스스로 그 흉을 내며 미신의 무가치한 점과 미개한 점을 지적했고, 미신 숭배를 위한 백성들의 무지, 낭비, 지나친 열심 등을 파헤치고 문화 수준을 끌어올리려고 했다.

설교 시간에 그는 청중들이 설교를 잘 알아듣도록 시청각적 방법을 동원하기도 했다. 몸단장 문제를 개선할 것을 말할 때면 난데없이 가위를 들고 강단에 올라가서 교인들에게 이렇게 외치기도 했다.

"여보시오. 이 상투라는 것이 무엇인지 아시기나 하나요? 이건 시간을 잡아먹는 불가사리 같은 거지요. 이걸 하나 틀어 올리기 위해 얼마만 한 시간이 걸립니까? 더더구나 여자도 아니고 남자가 머리치장에 시간과 공력을 들여서야 하겠소?

자, 상투를 귀양 보내고 개화된 생활을 합시다."

이렇게 외치면, 그 설교에 감동을 한 상투쟁이가 그의 앞으로 나왔고, 김익두 목사는 그 사람의 상투를 잘라 버리고는 "이 감격으로 하나님께 크게 봉사하시오"라고 말하기도 했다.

많은 기도로 준비한 김익두 목사의 설교는 이와 같이 늘 청중들에게 깊은 감명을 주었다. 김익두 목사의 설교는 혹은 웃기고 혹은 울리고, 유머와 심각한 내용을 곁들여 감정에 호소하는가 하면, 청중의 의지에 초점을 모아 그들 스스로 결심하고 작정하도록 노력하였다.

주요 저작

김익두 목사의 명성과 영향력에도 불구하고, 그의 작품은 많이 남아 있지 않다. 크게 두 종류의 작품을 남겼는데 설교 모음집과 이적명증이 바로 그것이다. 그의 설교집은 1924년에 발간된 《신앙信仰의 로路》와 1940년에 최인화가 발간한 《김익두 목사 설교집》이 있다. 그리고 김익두 목사의 수많은 기적이 일으킨 논쟁을 불식시키기 위해 만들어진 일종의 기적 모음집인 《조선예수교회 이적명증》(1921)이 남아 있다. 이 책은 한국 개신교 초기에 하나님이 김익두 목사의 사역을 통해 얼마나 많은 기적을 이 땅에 내려 주셨는지를 잘 보여주고 있다. 키아츠는 2008년에 현대 한글어 편집본과 영어번역본에 원본을 더해 《조선예수교회 이적명증》을 출간했다.

이 책의 구성

김익두 목사가 남긴 총 20편의 설교를 모은 이 책은 크게 세 부분으로 구성되어 있다.

1장 '말씀과 성령'에서는 성경, 예수 그리스도, 성령에 대한 내용을 담고 있다. 특히, "성신을 받으라"나 "성신 받는 분별"이라는 설교는 평양 대부흥운동 이래 한국 기독교의 상징이 되어 온 성령에 대한 이해를 잘 보여주고 있다.

2장 '기도와 순종'에서는 기도, 근신, 순종과 같은 기본적이지만, 기독교의 중요한 덕목에 대한 설교를 담았다.

3장 '좁은 문으로 들어가라'에서는 그리스도인들의 생활에 관한 다양한 지침을 담고 있다. 특별히 주일성수와 같이 복음과 삶의 일치를 위한 주요 요소에 대한 설교에서는 20세기 초반 한국 기독교인들의 삶을 고스란히 볼 수 있다.

설교에 나타난 신학과 신앙

김익두 목사의 설교는 대개 가난하고 병마에 시달린 소외계층에게 환영을 받았다. 김익두 목사는 이들 계층 특유의 사회적 미덕, 다시 말해 겸손, 양보, 가난, 소박함을 찬양하고 부를 멀리할 것과 현실에서의 종말과 심판을 설교했다. 김익두 목사의 천년왕국적 종말론은 현실의 죄악성 단죄 때문에 가난하고 멸시받는 사람들에게 환영받았다. 그가 설교에 사용한 언어의 형태와 구성 역시 이들과의 동질성 체험 때문에 대중들에게 밀도 있게 파고들었다. 더구나 한 사람 한 사람의 영혼 속에 내재하는 성령 강림의 체험은 한 인간의 존엄을 약속할 수 있었고, 기존 사회의 신분제도에 대한 저항 의식을 신앙을 통해서 지탱케 한 것이라는 의미가 있다.

김익두의 메시지는 길선주와는 달리 내세 지향적이었다. 그런데 바로 그 점이 대중의 공감을 일으키는 요소가 되었다. 그것은 일제의 압박으로 말미암아 찌들고 허탈에 빠진 민족에게 새로운 이정표를 제시했기 때문이다. 내세 지향적인 것은 이원론적 사고방식을 낳기도 했는데, 다음의 두 가지 예가 이 점을 적절하게 보여 준다.

김익두 목사의 성령관

"성신을 받으라"는 설교에서 우리는 그의 성령론을 엿볼 수 있다. 그의 설교에 따르면 성령을 받아야만 완전한 교인이 된다. 성령을 받지 않고서는 아무것도 할 수 없다는 것이다. 그는 다음과 같이 성령을 설명하고 있다.

"그러면 성신세례가 무엇입니까? 세례는 씻는다는 것입니다. 육신 세례는 물로 성부와 성자와 성신의 이름으로 깨끗이 씻는다는 표시만 됩니다. 교회에 입교하였다는 표시입니다. 성신세례는 그와 같지는 않습니다. 성신세례는 불에 비유하고, 비둘기에다 비유했습니다. 비둘기가 성신이냐 하면 그렇지 않습니다. 비둘기와 같이 순하다는 뜻입니다. 성신의 성품을 가르친 것뿐입니다. 비둘기와 같은 성신을 받았다는 것은 비둘기의 성품과 같이 온순해졌다는 말입니다."

여기서 김익두 목사는 물세례와 성령세례를 구별하며, 성령세례는 불이나 비둘기가 상징하는 것처럼 인간의 본질적인 변화를 전제하고 있다고 설교했다. 성령세례는 깨끗하게 씻는 것을 의미한다. 그리고 마음속의 죄를 씻는 것이 성령의 세례라는 것이다. 몸에 열기가 없는 이가 죽은 사람인 것처럼 불이 없는 교회는 죽은 교회며, 개인도 교회도 불을 받아야 한다는 것이다. 그리고 잘못된 성령운동을 극복하는 길은 성경을 읽고 바로 깨달아야 할 것을 지적했다.

율법이냐 복음이냐?

김익두 목사는 "좁은 문으로 들어가라"는 설교의 서두에서 다음과 같이 지적했다.

"교회 안에는 권세가 없습니다. 세상의 부가 없습니다. 세상의 영화도 없습니다. 그러므로 교회에 들어올 길은 너무나 좁습니다. 교회에 들어오면 담배와 술을 먹을 수가 없고 첩을 두지 못하니, 그 길이 좁습니다. 교회 밖에는 길이 넓습니다. 문들이 발달된 오늘에 돈만 있으면 교통의 편리한 혜택으로 멀리 여행도 할 수 있습니다. 하고 싶은 일을 맘대로 할 수 있습니다. 그 범위가 대단히 넓으며, 죄를 짓게 하는 길도 많습니다. 그 길은 과연 넓고 넓습니다. 그러나 이 넓은 길로 가면 결국 멸망과 물속에 가라앉아 잠겨 버리는 것이요, 영생이 없습니다. 영원히 사는 길은 교회의 좁은 문을 통과하고서야 되는 것입니다."

그러면서 이 설교의 마지막에 "넓은 길의 마지막은 좁아지며 그 끝은 사망이니, 어서 좁은 길로 주님이 가르치신 명령대로 나아갑시다"고 했다. 이것은 금욕주의나 율법주의적인 관점에서 나온 것이 아니고, 경건한 삶의 걸음걸이를 의미한다. 즉 '그것은 율법이냐? 복음이냐?'가 아니고, 은혜로 구원받은 성도들은 좁은 문으로 들어가는 삶을 살아야 죄와 세상을 이긴다는 뜻이다. 특히 김익두 목사의 다른 설교 "십자가의 도"에는 이런 문제들이 해결되고 있다. 물론 다소 율법주의적인 요소가 있다 해도 그것은 그 시대의 산물이었을 것이다. 어쨌든 율법과 은혜는 동시적으로 선포되어야 하며, 하나님의 의와 사랑도 동시에 선포되어야 한다. 그것이 이른바 개혁가들이 말하는 성경 전부 *Scriptura tota*를 설교하는 것이 된다.

한국의 무디 김익두 목사는 그의 설교를 통해서 슬픔과 고난과 좌절의 늪에서 허우적거리는 이 민족에게 구원의 소망과 확신을 주었다. 김익두 목사는 주님의 십자가와 보혈, 주님의 부활, 천국에 갈 자의 회개 등 순수한 복음을 증거했고, 무지몽매한 군중을 일으키고 깨우쳤다. 한 세대는 가고 또 한 세대가 왔을지라도, 참된 설교자가 있을 때 참된 교회가 있다는 생각을 새삼 하게 된다. 이 책을 통해 김익두 목사의 이러한 점을 잘 볼 수 있기를 소망한다.

정성구 박사(전 총신대학교, 대신대학교 총장)

일러두기

- 이 책은 2008년 홍성사에서 펴낸 '한국 기독교 지도자 강단 설교' 《김익두》(키아츠 엮음, 홍성사 출판)의 개정판이다. 2008년에 출간한 책이 원전의 맛을 살리기 위해 가급적 원문을 그대로 남겨 두었다면, 개정판은 독자들이 쉽게 읽을 수 있도록 원전의 의미를 변화시키지 않는 범위에서 가능한 옛말과 한자를 현재 사용하는 한글로 풀어 썼다. 또한 현대 독자에게 낯선 예스러운 표현과 어투도 일부 바꾸었다.
- 1940년 최인화가 펴낸 《김익두 목사 설교집》을 주 인용본으로 했으며, 여기서 가져온 글은 출처 표기를 따로 하지 않았다. 출처가 다른 경우에는 별도 표기했다.
- '성신'이라는 용어를 그대로 사용하였다. 김익두 목사 시기에는 '성령'을 지칭하는 '성신'과 '성령'을 혼용해서 사용했다.
- 본문의 성경 인용은 김익두 목사가 사용한 성경구절 그대로 담기보다 개역개정판을 따랐다.
- 본문에서는 모든 문체를 경어체(습니다)로 바꾸었다.
- 이해를 돕기 위해 한자와 영어를 추가하고, ( )와 각주로 보충설명을 더했다.

1장

말씀과 성령

성경은 하나님의 말씀

디모데후서 3장 16-17절, 베드로후서 1장 20-21절, 시편 19편 1-14절

> 여호와의 율법은 완전하여 영혼을 소성시키며
> 여호와의 증거는 확실하여 우둔한 자를 지혜롭게 하며
> 여호와의 교훈은 정직하여 마음을 기쁘게 하고
> 여호와의 계명은 순결하여 눈을 밝게 하시도다(시편 19:7-8)

믿는다고 하는 사람 중에 성경을 하나님의 말씀으로 확실히 믿지 못하고, 혹 의심하는 이가 있습니다. 성경은 즉 하나님이 계시하신 바로되 사람들이 확실히 믿지 못하는 것은 그 진정한 뜻을 생각지 못하기 때문입니다. 성경이 하나님의 말씀되는 증거를 몇 가지로 생각해 보고자 합니다.

첫째는 예언의 응하심입니다.

옛적부터 지금까지 유명한 철학자나 문학박사들이 자기의 아는 것으로 여러 가지 좋은 일을 많이 발견하고 높은 지식을

가졌으나, 앞으로 일어날 일을 아는 자는 하나도 없었습니다. 며칠 후에 지진이나 하늘에서 일어나는 변고를 알지 못하여 당하기도 하고, 또 며칠 되지 않아서 죽음이 다시 자기를 삼킬지라도 알지 못합니다. 아무리 유명한 인사라도 무슨 일이든지 앞에 있는 일을 분명히 알아서 예방한 자는 창조 후 지금까지 한 사람도 없습니다.

그러나 성경에는 몇천 년 후와 몇백 년 후의 일이 미리 기록되어 있습니다. 가령 창세기 3장 15절에 "뱀은 여자 후손의 발꿈치를 상하게 하고, 여자 후손은 뱀의 머리를 상하게 할 것이다" 하셨습니다. 이것은 요한복음 3장 14-15절에서 예수님이 십자가에 달리심으로 마귀의 권세를 깨트릴 것을 말씀하신 것입니다.

어찌 하나님이 아니면 4,000년 후에 될 일을 미리 예언할 수 있겠습니까? 또 이사야 7장 14절에 "처녀가 잉태하여 아들을 낳을 것이다" 하셨으니, 700여 년 후에 주님께서 마리아의 몸에서 나실 것을 가르치셨습니다. 이사야 53장 7절에 "어린 양이 도수장으로 끌려가는 것과 같다" 하셨으니, 예수께서 십자가에 고난받을 것을 말씀하셨습니다. 스가랴 11장 12-13절을 보면 "은 삼십 개를 달아서 품삯으로 삼고, 그 삯은 토기장이에게 던지겠다"고 하셨으니, 이것은 예수님이 은 삼십에 팔릴 것을 미리 예언하신 것입니다. 그 외에 미리 예언한 것을 말로 다 할 수 없습니다. 어찌 사람이 장래 일을 알아서 기록할 수 있겠습니까? 이것만 생각할지라도 성경은 하나님의 말씀인 것이 확실합니다.

둘째로 성경에는 말씀의 능력이 있습니다.

가령 공자나 그 외에 여러 교주들의 말들은 매우 문체가 좋고 그 교훈이 매우 정중하여 광채가 있어 배울 만하고 보기에 감흥이 있어 흥미를 끕니다. 그러나 사람의 마음을 변하게 하는 능력이 없어 교만한 자는 그대로 교만하고, 시기하는 자는 그대로 시기하며, 음란한 자는 그대로 음란합니다. 성경말씀은 보기에 광채가 없는 듯하고 읽기에 흥미를 끌지 못하나, 사람의 심령을 고치는 데는 능력이 있어 교만한 자가 겸손하게 되고, 음란한 자가 성결하게 되고, 여러 가지 죄악에 매여 방탕하던 자라도 능히 고칠 만한 능력이 있습니다.

가령 값이 많이 나가는 시계와 콩 한 줌을 비교하면, 시계는 광채가 있는 듯하고 움직하는 것을 보고 살았다 하며 콩은 광채도 없고 죽은 듯하되, 땅에 둘 다 심으면 콩은 열매를 맺지만 시계는 열매를 맺지 못합니다. 콩은 하나님의 제조요, 시계는 사람의 제조입니다. 나오지 못하는 것은 그 속에 생명의 생기가 없기 때문입니다.

이와 같이 다른 어진 사람들의 말들은 사람의 말인 까닭에 사람의 마음속에 들어가서 고치는 능력이 없습니다. 성경은 하나님의 말씀이므로 인생의 마음속에 들어가 고치는 능력이 있어 활발케 됩니다. 다시 말하면 약은 사람의 병을 고쳐야 약이요, 맛이 좋고 냄새가 좋아도 병을 고치지 못하면 약이라고 할 수 없습니다. 이와 같이 도道[1]는 심령을 고치지 못하면 도가 되지 못할 것입니다.

예를 들어 제가 청년 때 학질(말라리아)을 3년이나 앓던 중 별별 약과 수단을 다하였으나 병이 낫지 않았습니다. 그러다 어떤 사람이 금계랍[2]을 먹으면 낫는다고 주기에, 그 맛이 쓰되 먹었더니 그 병이 물러갔습니다. 이와 같이 여러 가지 불량한 마음을 다른 교훈과 책망으로 고치지 못하였으나, 성경으로 고쳐 새사람이 되는 것은 하나님의 말씀이 아니고 무엇으로 고칠 수 있겠습니까? 그래서 성경이 진정한 하나님의 말씀인 사실을 의심 없이 깨우쳐 알아야 할 것입니다.

셋째로 성경은 창조론이 분명합니다.

오랫동안 우주가 어떻게 만들어졌는지 알지 못하여 자연스럽게 생겨났다는 말도 있고, 또 사람이 처음에 어떻게 생겨

---

[1] 기독교가 처음 들어왔을 때, 조선 사람들은 성경말씀을 '도'와 비슷한 뜻으로 이해했다.
[2] 말라리아 치료의 특효약으로 알려진 키니네를 염산에 화합시켜 만든 비늘 모양의 흰 가루. 해열 진통제로 쓴다.

났는지 말할 때 "소의 머리요 사람의 몸이라" 한 이도 있고, "뱀의 몸이며 사람의 머리라" 한 이도 있으며 "원숭이가 진화하여 사람이 되었다" 한 이도 있습니다. 가령 할아버지가 뿔이 났으면 손자도 뿔이 날 것이고, 할아버지가 꼬리가 있으면 손자도 꼬리가 있을 것입니다. 그런즉 이치에 벗어났으며, 또 원숭이가 변해서 사람이 되었다 하면, 지금도 원숭이가 진화하여 사람이 되는 것이 무수하게 있어야 할 것인데, 지금은 그런 것이 없으니 어찌함입니까? 이는 다 창조의 근원을 알지 못하여 말함입니다. 가령 기차의 속이나 시계의 속이나 여러 가지 기계의 속을 처음 제조한 사람이라야 기계 속을 밝게 알 것입니다. 이와 같이 우주가 어떻게 만들어졌는지는 창조한 이가 아니면 알 수 없을 것입니다.

조화의 신 되신 하나님께서 창조하신 것을 성경에 말씀하셨으니 다른 것은 물론이거니와 사람을 만드시되 몸은 흙으로 만드시고, 영혼은 하나님의 형상으로 선천적으로 타고난다고 하셨습니다. 과연 몸은 흙에서 재료를 취한 것이 분명하여, 흙에서 나오는 것으로 길러지다가 죽으면 흙으로 돌아가서 흙이 또 되고 여러 가지 물질로 돌아가는 것은 명백한 것입니다.

사람의 영혼은 하나님과 거의 비슷하여 하나님이 깊이 생각하셔서 만물을 제조하신 것과 같이 사람도 여러 가지 기관과 물건의 종류를 깊이 생각하여 제조합니다. 다만 하나님이 제조한 것은 생명이 있고 또 번성케 하거니와, 사람이 제조한 것은 생명도 없고 번성케 하는 능력도 없습니다. 이로 보건대 사람을 제조한 것을 보아도 창조론이 확실합니다. 이 창조론을 보아도 성경은 하나님의 말씀이 분명합니다.

넷째로 성경말씀 중에 하나님의 성품이 나타나 있습니다.

가령 논어를 보면 공자의 성품을 알겠고, 맹자를 보면 맹자의 성품을 알 것이며, 어떤 책이든지 보면 기록한 자의 성품을 알게 됩니다. 성경은 볼수록 하나님의 공의와 지혜와 능력과 사랑과 절제를 알게 됩니다. 그러므로 말씀을 여러 번 보게 되면 하나님이 어떠하신지 자세히 알게 됩니다. 다른 책을 많이 읽은 사람과 다른 종교를 믿는 사람들을 만나 물어보면, 거의 하나님을 신령하신 신으로 알지 못하고, 천지를 마치 부모와 같이 생각하고 하늘을 하나님으로 아는 자가 많습니다. 성경이 아니고는 하나님의 성품을 보여주는 책은 없습니다. 성경은 하나님이 계시하신 바 되어 하나님의 성품이 밝히 나타나 있습니다.

다섯째로 성경은 사람의 심령을 밝히 알게 합니다.

하나님은 인생의 심령을 지으셨으므로 "만물이 벌거벗은

것 같이 드러나느니라"(히브리서 4:13) 한 것과 같이 말씀으로 우리의 심령을 밝게 비추십니다. 누구나 성경책을 보면 전에는 가장 죄가 없는 것같이 의인인 체하는 자라도 죄인인 줄을 깨닫게 되며, 자기를 완전한 사람인 줄로 알던 자라도 자기의 부족함을 깨닫게 되고, 자기는 정결한 자라고 알던 자도 부정한 사람인 줄 알고 자기 심령을 위하여 근심하며 눈물을 흘리며 원통하게 생각합니다. 가령 얼굴에 여러 가지 추한 것이 있으되 추한 줄을 알지 못하다가 거울을 보고야 추한 줄을 아는 것같이, 사람들이 자기 속마음이 어떤지 알지 못하다가 성경을 보고야 못된 것을 알게 됩니다.

어떤 부인이 자기 남편을 권면하여 예배당에 데리고 갔습니다. 그 남편은 성경말씀을 강론하는 목사가 자기 마음속에 있던 것과 일을 다 말하니, 자기 아내가 미리 목사에게 말한 줄 알고 노하여 먼저 집에 돌아갔습니다. 그는 기다리고 있다가 아내가 들어오는 것을 보고, 아내에게 "어찌하여 내 말을 목사에게 나 했느냐" 한즉 그 아내의 대답이 "나는 말하지 않았고, 그 성경말씀에 뭇사람의 마음과 행위가 나타나 있어 그런 것"이라고 대답했습니다. 그러나 남편이 그 말을 믿지 않으므로 아내는 "그 목사에게 가서 성경을 아무 데나 보고 가르치라 하여, 어떠한가 보라" 하였습니다. 그는 가서 그대로 하여 보니 과연 다 자기를 가리키는 것과 같았습니다. "이 말씀이 어디서 났느냐" 한즉 곧 "하나님의 말씀"이라 하니 그가 회개했다는 말이 있습니다.

여섯째는 인생의 허물을 숨기지 않고, 한쪽으로 치우치지 않고 공평하게 기록했습니다.

가령 제가 제 조상의 일을 기록하여 많은 사람에게 알게 하려면 좋은 일은 기록할 것이고, 수치가 되고 망신될 일은 기록하지 않을 것이니 이것이 인간 정서의 일반일 것입니다. 그런데 하나님의 계시를 받아 이 책을 기록한 사람들은 자기네 자랑거리와 조상들의 부족하거나 모자란 점을 공평하게 기록했습니다. 예를 들면, 기생의 후손이 되는 것과 며느리를 침범한 것과 음행하며 살인한 것과 여러 가지 허물을 개의치 않고 기록했습니다. 이는 하나님이 시키는 대로 공정하게 기록하여, 사람은 누구나 칭찬을 받을지라도 부족함이 있는 것을 알게 하심입니다.

일곱째는 많은 사람이 한가지 주된 뜻을 가지고 기록했습니다.

성경을 기록한 사람은 36명쯤 된다고 하며 연대로 말하면 거의 수천 년에 가까우나, 그 기록한 뜻을 말하면 창세기 3장 15절과 요한복음 3장 14-15절의 말씀을 이루려 함입니다. 말씀하시기를, "여자의 후손은 뱀의 머리를 상하게 하고, 뱀은 여자의 후손의 발꿈치를 상하게 할 것이다" 하셨으니, 이는 주님께서 오셔서 십자가에 달림으로 마귀의 권세를 깨트리기 위한 가르침입니다.

성경의 속죄하는 법과 유월절과 여러 절기와 율법과 규례는 다 주님이 하실 일의 그림자가 되었으니, 구약 39권과 신약 27권이 모두 주께서 구속하실 일을 가르쳤습니다. 예를 들면, 어떠한 사람이 큰 책을 기록하는데 붓이 닳아진즉 또 다른 붓을 가지고 기록하되 붓 여러 개로 쓴 것같이, 하나님이 모세로부터 요한에 이르기까지 여러 사람을 '붓'으로 써서 구속할 뜻을 기록했습니다. 그러므로 이 여러 증거로 볼 때 성경은 하나님이 계시하신 바요, 하나님의 말씀이 분명합니다.

마지막으로 어떤 사람이 말하기를 "창세기와 출애굽기와 요나서는 너무 허황하니, 신화나 될는지 몰라도 하나님의 말씀은 아닌 듯하다" 합니다. 그분도 예수를 믿으면서 그런 말을 한즉, 한마디로 말할 것은 "그분이 예수님보다 지혜나 지식이 앞섰느냐?" 물으면 결단코 그분의 대답이 주님보다 낫다고는 못할 것입니다. 그런즉 주님께서 성경의 말씀을 극히 작은 한 구절이라도 가감 없이 요나의 일을 들어 자기가 당할 것을 말씀하셨으며, 여러 가지로 성경을 인정하여 가르치시되 천지는 없어질지언정 율법은 일점일획이라도 없어지지 않겠다(마태복음 5:18)고 말씀하셨습니다. 주님께서 성경말씀을 부인한 것이 일 획도 없으니 어찌 근대의 유식한 사람이라고 해서 감히 주님보다 더 아는 체하고, 거룩하신 하나님의 말씀을 혼잡하게 하는 죄를 지으려고 합니까?

그런즉 우리는 요동치 말고, 신구약 성경을 온전히 하나님의 말씀으로 알고 열심히 읽고 연구하여 구원을 얻고 다른 사람에게도 전하여 많은 사람이 구원 얻게 되기를 바라는 바입니다.

부활운동. 제4권 12호. 1938. 12.

예수가 하나님의 아들 되는 증거

요한복음 1장 1-16절

> 말씀이 육신이 되어 우리 가운데 거하시매 우리가 그의 영광을 보니
> 아버지의 독생자의 영광이요 은혜와 진리가 충만하더라(요한복음 1:14)

보통으로 말하면 사람은 하나님이 지으시고 기르시니 다 하나님의 아들이라 할 수 있지만, 주님은 특별히 하나님의 독생자라 하셨으니 그 독생자 된 증거가 무엇인지 잠깐 생각해 보고자 합니다.

첫째, 주님은 나시기 전에 예언되었습니다(이사야 7:14, 53:1-12).

성경은 주님의 나실 것만 말씀한 것이 아니라, 오셔서 하실 일을 역력히 기록하셨습니다. 고난 받으실 것과 어떻게 팔려서 돌아가실 것까지 역력히 기록하였으니, 스가랴 11장 12-13절을 보면 그 값이 얼마에 팔릴 것까지 예언하셨습니다. 이 여러 가지 증거를 보면 세상에 낳기 전에 어떻게 할 것

과 나서 할 일을 기록해 놓은 이가 예수님 외에 누가 있습니까? 공자든지 석가모니든지 가장 유명하다는 이도 다 미리 예언했던 사람은 없고, 오직 주님뿐입니다.

둘째, 동정녀에게서 나셨습니다.

사람마다 부모가 있고 난 뒤에야 태어나는 것이 원리인데, 주님은 원리에서 벗어나 동정녀에게서 나셨습니다. 이것은 예언이 있었습니다. 이사야 7장 14절이요, 그때의 증인은 요셉입니다. 왕족이나 귀인의 족속이라도 그 나라 법대로 동정녀가 실수하면 돌로 쳐서 죽이는 법입니다. 하지만 요셉은 꿈을 받고, 혼인하기 전이라도 임신한 아내를 부끄러워하지 않았으며 법도 개의치 않고 데려왔습니다. 또한 스가랴와 엘리사벳이 증거한 것을 보면, 예수님은 의심할 것 없이 동정녀에게서 나셨습니다. 처음 사람 아담을 지으신 후에 아담에게서 여자를 나오게 할 수 있으면, 여자로만 남자 하나를 낳게 할 수 없겠습니까? 이는 하나님의 권능입니다. 이로 보건대 하나님의 아들이 분명합니다.

셋째, 나실 때의 형편을 보아 알 수 있습니다.

하늘에서는 천사가 찬송을 하고, 별은 나신 곳에서 빛을 비추었고, 목자들은 나신 곳을 보고 찬송을 하고, 동방박사는 먼 나라에서 좇아와 예물을 드리고, 그 늙은 선지자 시므온은 예수를 영접하여 자기 생전의 소원을 이루었다 하고, 나이가 아주 많은 여자 선지자 안나는 예수를 보고 감사하여 구속하실 이가 오셨다고 증거하였습니다. 이것을 보면 왕궁에서 나신 이라도 이러한 광경은 없었습니다. 오직 하나님의 아들 예수만 있었고, 이후에도 없을 것입니다.

넷째, 주님은 배우지 않고 아십니다.

어떠한 사람이든지 총명하여 스스로 배우거나 남보다 뛰어나게 깨닫는 사람은 있거니와, 배우지 않고 아는 이는 없었습니다. 공자라도 젊은 시절 노자를 찾아 물었으며, 늦게야 주역周易을 읽는 기쁨을 깨닫고 가죽끈이 세 번이나 끊어지도록 읽었습니다. 오직 주님은 배우지 않고도 아시는 분인 것을 그를 반대하던 무리들이 증거하였습니다. 요한복음 7장 14-15절을 보면 "예수께서 성전에 올라가사 가르치시니 유대인들이 놀랍게 여겨 이르되 이 사람은 배우지 아니하였거늘 어떻게 글을 아느냐" 했습니다. 이 일로 예수님을 하나님의 아들이라고 할 수밖에 없었습니다.

다섯째, 하나님이 친히 증거하셨습니다.

창조 이후로 많은 사람이 났지만, 하나님이 친히 나타나셔서 "너는 내 아들이라" 하신 이가 없습니다. 오직 예수께만 "이는 내 사랑하는 아들이요 내 기뻐하는 자라" 하셨습니다.

사랑하는 아들만이 아니라 기쁘게 하신 아들이라 하셨습니다. 또다시 "내가 이미 영광스럽게 하였고 또다시 영광스럽게 하리라" 말씀하셨습니다(마태복음 3:17, 17:5; 요한복음 12:28).

그런즉 하나님이 친히 아들이라 하셨으니, 아들이 아니라고 할 자가 누구입니까? 가령 어떤 사람이 자기 아들을 데리고 친구 앞에서 "이는 내 아들이라" 할 때 친구가 그 사람에게 "그는 네 아들이 아니라" 하면, 아버지가 친구에게 분노할 것입니다. 이와 같이 주님을 하나님의 아들이 아니라고 의심하면, 하나님께서 그 사람에 대하여 진노하실 것입니다. 그러므로 요한복음 3장 36절을 보면 "아들을 믿는 자에게는 영생이 있고 아들에게 순종하지 아니하는 자는 영생을 보지 못하고 도리어 하나님의 진노가 그 위에 머물러 있느니라" 하셨습니다.

여섯째, 행하신 이적을 보아 알 수 있습니다.

옛적부터 선지자들과 사도들이 이적을 행하고, 현대에도 이적이 종종 있으나 주님이 행하신 이적과는 다릅니다. 어찌 다르냐 하면 엘리사가 수넴 여인의 죽은 아들을 살릴 때(열왕기하 4장) 자기 입을 그의 입에 맞대고 오랫동안 엎드려 기도했습니다. 엘리사가 내려와 얼마 동안 쉬다가, 다시 아이 위에 올라 엎드려 기도하는 중에 그 아이가 살아나는 표적을 보고 모친을 불러 아이가 산 것을 말했습니다. 사도들도 죽은 사람을 다시 살릴 때 간절히 오랫동안 기도하고 살렸습니다(사도행전 9:40).

그러나 주님은 이적을 행하실 때 말씀으로 명령하셨습니다. 죽은 나사로를 향해 "나사로야 나오라" 부르시고, 바람을 꾸짖으시며 바다더러 "잠잠하라 고요하라" 하시고, 귀신 들린 사람을 향해 "귀신아 그 사람에게서 나오라" 하시고, 중풍병자에게 "일어나 네 침상을 가지고 집으로 가라" 하셨습니다. 누가 바람을 보고 "가만히 있거라" 하며, 죽은 사람을 보고 "영혼아 나오라" 할 자가 있습니까? 하나님 외에는 못할 것입니다. 그런즉 주님은 하나님의 아들이시요, 곧 하나님이십니다.

일곱째, 선지자로 예언하셨습니다.

옛적부터 선지자들이 성신을 받아 예언한 것이 곧 성경말씀입니다. 그러나 선지자들은 성신이 가르치실 때 예언하였으나 자기가 예언한 것을 다시 깊이 연구했습니다(베드로전서 1:10-12). 또 어떤 때는 무슨 일이 있어도 성신이 가르쳐 주지 아니하면 무슨 일인지 알지 못했습니다.

수넴 여인이 자기 아들이 죽으매 엘리사에게 갔을 때 엘리사가 그 여인의 괴로워하는 일이 무엇인지 알지 못함은 하나님이 아직 그에게 숨기셨다 하셨으니(열왕기하 4:27), 선지자들은 성신이 나타날 때만 예언하였습니다. 주님은 어느 때를 막론하고 장래 일을 역력히 눈앞에 있는 것보다 더 밝히 말씀하셨습니다. 모르는 것이 없으신 하나님 아들의 영광을 나타내신 것입니다.

여덟째, 십자가에서 아들 됨을 나타내셨습니다.

생각건대 십자가에 죽은 사람이 몇천 명인지 알 수 없거니와, 예수께서 십자가에 달렸을 때 해가 빛을 내지 못하여 땅이 진동하며 반석은 터지고 장막은 찢어졌습니다. 못 박은 사람들이 증거하여 "이는 진실로 하나님의 아들이었도다" 하였으니, 주님의 죽으심은 하늘이라도 감당치 못하고 땅이라도 감당키 어려운 표적인즉, 또한 하나님의 아들이 된 증거가 분명합니다.

아홉째, 부활하심입니다(로마서 1:3-4).

육신으로 말한즉 다윗의 자손으로 나고, 성적聖跡(성스러운 사적이나 고적)의 신으로 말한즉 죽은 가운데서 부활하심으로 하나님의 아들이 된 것을 권능으로 나타내셨으니, 예수님의 부활은 나사로의 부활과 과부의 아들의 부활과 다른 것입니다. 그 사람들의 부활은 얼마 아니하여 또 그 몸이 사망에 삼킨 바 되려니와, 주님의 부활은 다시 죽음이 오거나 병이 나거나 상하거나 썩거나 하는 부활이 아니요 신령한 부활입니다. 그 몸으로 천당에 갈 수 있고, 불에도 들어갈 수 있고, 물에도 들어갈 수 있고, 보일 수도 있고 보이지 않을 수도 있고, 보이나 알게 할 수도 있고 알지 못하게 할 수도 있고, 몇 억만 리라도 즉시 갈 수도 있고, 마음대로 하는 부활입니다. 우리도 부활하면 주님과 같을 것입니다. 그런즉 하나님의 아들의 권능을 나타내셨습니다.

열째, 승천하셨습니다.

예수께서 승천하신 증거는 무엇입니까? 위로 올라가는 것을 보는 것만으로는 확실한 증거가 못 됩니다. 제가 얼마 전에 비행기를 타고 가장 높은 하늘에 올라간즉 땅에서 비행기를 볼 수가 없으매 어디를 가고 하늘로 올라갔다 해도 혹 믿을 듯합니다. 하지만, 예수께서는 올라가셔서 성신을 보내마 하셨더니 오순절에 성신이 오셨으니 이것이 올라가신 증거입니다. 또 올라가서 계신 것을 본 이가 스데반이요, 바울이요, 요한입니다. 그런즉 주님은 하나님의 아들입니다. 하나님의 아들로 대접하는 자는 자기도 하나님의 자녀가 되어 권세를 얻을 것입니다.

그 권세는 무엇입니까?

첫째는 자기를 이기는 권세입니다. 사람마다 무엇을 이기느니 무엇을 이기느니 하여도, 자기 마음속에 있는 음욕과 탐욕과 교만과 시기와 거짓과 혈기와 게으른 것은 이길 자가 없습니다. 그러나 예수를 대접하는 사람은 자기를 이깁니다.

둘째는 하나님께 기도하면 응답받는 권세를 얻습니다. 사람들이 하나님께 기도해서 하나님이 응답하실 것 같으면 이것이 얼마나 큰 영광입니까? 가령 어떤 사람이 일국의 권세가 있다고 하는 것은, 일국을 주관하는 임금님에게 구하여 그 말대로 이루어짐으로 권세가 있다 합니다. 하나님이 허락해 주시면 그 권세는 얼마나 크겠습니까! 그러므로 비를 오게도 하고 아니 오게도 하고, 물을 쳐서 길을 내기도 하고, 반석을 쳐서 물을 내기도 하는 것입니다.

셋째는 하늘나라에 들어갈 권세를 얻습니다. 하늘나라에는 돈을 가지고 들어가지도 못할 것이고, 학문을 가지고 들어가지도 못할 것이고, 세상 권세를 가지고 들어가지 못할 것이로되 예수를 하나님의 아들로 믿는 자는 들어갈 권세가 있는 것입니다.

그러므로 예수를 의심 없이 믿는 자에게는 생명이 있고, 믿지 않는 자에게는 사망이 있습니다.

주를 더 사랑할 것

사랑은 인간 활동의 중심입니다. 성경에도 제일은 사랑이라고 하였습니다. 아버지가 아들을 사랑하며, 아들이 아버지를 사랑하며, 부부가 서로 사랑하며, 형제가 서로 우애하며, 사람이 자기 몸을 사랑함은 하지 않을 수 없는 필연의 일입니다. 이는 다름 아닙니다. 아버지가 그 아들을 사랑함은 낳은 까닭이요, 아들이 그 아버지를 사랑함은 자신을 낳아 기른 까닭이며, 형제가 우애함은 동기 된 까닭이고, 부부가 서로 사랑함은 한몸 된 까닭이며, 자기를 사랑함은 제 몸인 까닭입니다. 그런데 예수께서 여기 말씀하시기를 "부모보다 처자보다 생명보다 나를 더 사랑하라" 하셨으니, 이것은 과過한 말씀이 아닌가요?

그러나 주가 누구인지를 알면 이 말씀을 당연하게 여길 것입니다. 그러면 주 예수는 어떠하신 이입니까? 또한 우리 인생과 어떠한 관계를 맺고 있습니까? 즉, 그는 하나님이시며 천지를 지으시고 인간을 자기 형상과 같이 지으셨으니 마음, 정신, 이성, 지혜가 다 하나님이 지으신 것입니다. 얼마나 신비하고 오묘한 창조입니까! 그뿐 아니라 몸에 대해서도 혈액의 순환이라든지, 호흡이라든지, 소화기라든지, 이목구비라든지, 신경계통이라든지, 생각할수록 불가사의요 신통하고 묘할 뿐입니다.

이것이 다 누구의 조화입니까? 나를 낳으신 이는 아버지와 어머니지만, 나를 지으신 이는 하나님이 아닙니까? 나를 낳으신 이를 사랑하거든 나를 지으신 이를 더 사랑할 것은 당연한 일입니다. 그런즉 나를 지으시고, 내 아버지를 지으시고, 선조를 지으신 이가 "무엇보다도 나를 더 사랑하라" 하심은 정당 요구성의 첫째 이유입니다.

그뿐 아니라 우리가 항상 부르는 찬송가에 "주께서 내 죄를 대속하여 주셨다" 하지 않습니까? 말은 쉽습니다. 그러나 대속이란 것은 사실 지극히 어려운 일입니다. 그러나 주 예수께서는 신으로서 사람의 몸을 입으셨습니다. 그 낮아지고 천하여짐이 사람으로서 짐승이 된 것보다 더욱 천하여졌습니다. 이 처지에서 30년간을 비상한 고생을 하시고, 최후에 십자가에 못 박혀 죽으셨으니 얼마나 지극한 고난입니까! 우리가 만일 이것을 실험한다면 가히 형언할 수 있겠습니까?

이는 무슨 까닭입니까? 그것은 우리의 죄 때문입니다. 우리가 당할 형벌을, 우리가 당할 지옥 벌을 대신 당하사 사면하여 주셨습니다. 부모가 못할 일, 처자가 못할 일을 주께서 담당하셨으니 이야말로 부모보다도 처자보다도 나를 더욱 사랑하셨으니, 내가 부모보다도 처자보다도 재물보다도 주를 더 사랑할 것이 당연한 일이 아니고 무엇입니까! 이것을 알지 못한다면 그렇지 않으려니와, 만일 안다고 하면 무엇보다도 주를 더욱 사랑하여야만 될 일이 아닙니까! 이것이 둘째로 주를 더 사랑할 이유입니다.

또한 주 예수께서 "나를 더 사랑하라" 하심은 나로 하여금 지옥을 면케 하려고 하심이지만, 만일 우리의 아버지가 예수 믿는 것을 반대한다면 이는 지옥으로 가게 하는 조건이 된즉, 이런 경우에는 누구의 말을 믿어야 하겠습니까? 물론 지옥을 면하자면 예수의 말씀을 믿어야 합니다.

어떤 부부간에 남편은 부하고 권세가 있고 아름답고 잘생긴 용모를 가진 남자인데, 그 아내가 예수를 믿자 이를 이유로 이혼을 강요했습니다. 남편은 아내에게 예수를 믿는다고 하면 이혼하고, 믿지 않는다고 하면 이혼하지 않겠다고 하였습니다. 그러나 그 아내는 "어찌하든지 예수를 믿지 않을 수 없다"고 주장하였습니다.

그러자 종교 때문에 대가 끊어지는 것도 마다하지 않는다고 하면서 머리의 금비녀를 뽑고 옷과 신을 벗기고 드디어 쫓아내어 버렸습니다. 이 부인이 할 수 없이 친정아버지 집으로 돌아갔습니다. 그러나 사랑해 주리라 믿었던 친정 부모까지 책망하며 집에 들이지도 아니하고 내쫓았습니다. 아, 이 청춘 부인이 어디를 가며, 누구를 의지하고 살아야 합니까? 그는 할 수 없이 성경학교로 가게 되어 성경학교를 졸업하고, 교회 직임을 받아 열심히 교회에 봉사하며 근검저축하여 상당히 부를 쌓기도 했습니다.

그 후에 그 남편은 다른 여자를 맞아 살다가 그 또한 합당치 못하여 나중에는 전의 아내 되었던 이를 다시 찾아와서 재혼을 청하였습니다. 그러나 아내는 그 사람의 행위를 더욱 흉악하게 생각하여 단연 거절하였습니다. "나는 주와 결혼한 지 이미 오래되었고, 당신이 나를 헌신짝 버리듯 하였으니 다시 나를 찾을 필요가 없다"고 주장하였습니다. 보십시오. 이 부인이 남편으로 더불어 이혼할 것을 두려워하여 예수를 믿지 않았으면 어쩔 수 없이 지옥에 갔을 것이 아닙니까?

또한 어떤 장로가 자식이 없었습니다. 그 마음에 항상 그리워하는 것은 아들이었습니다. 천진난만한 어린 소학생들이 떼를 지어 노래하며 집으로 돌아올 때 그 아이들을 물끄러미 쳐다보고 자기의 자식이 없음을 한탄하였으며, 늠름한 대학생을 볼 때는 '나도 저러한 아들이 있으면 한번 훌륭한 사람을 만들어 줄 것이었건만' 하고 또 서러워하였습니다. 그리하여 나중에는 아들을 보려고 첩을 얻고 보니 성병에 걸린 사람이었습니다. 그래서 매독까지 전염되니, 이것이 몸을 망하게 한 데 그치고 말 것입니까? 아닙니다. 그 몸이 망하는 동시에 그 영혼은 지옥 형벌을 면치 못하였습니다. 그러므로 이것이 부모보다 처자보다 더 주를 사랑할 셋째 이유입니다.

그런즉, 이상 세 가지 이유에 의하여 부모보다 처자보다 생명보다 주를 더 사랑할 이유지만, "어떻게 주를 사랑할까"가 다음에 생각할 문제입니다.

주의 말씀을 절대로 믿을 것

주의 말씀은 추호만치도 의심하여서는 안 됩니다. 비록 박사라도 학자라도 주를 반대하면, 다른 학설은 모르지만, 복음을 반대하는 일에 대해서는 그를 절대로 거부하여야 합니다. 주의 말씀은 절대 진리입니다. 그러므로 바울은 "하늘로부터 온 천사라도 우리가 너희에게 전한 복음 외에 다른 복음을 전하면 저주를 받을지어다"(갈라디아서 1:8)고 말했습니다.

주를 절대로 순종할 것

예수는 우리를 구원하신 구주이십니다. 또한 우리를 조성하신 하나님이십니다. 우리를 통솔하시는 만군의 여호와이십니다. 어찌 병정으로서 대장의 명령을 거역할 수 있습니까? 병정은 대장 앞에 절대 자유가 없습니다. 대장의 전진하라는 명령 한마디에 머뭇거릴 수 없습니다. 서리와 눈 같은 적병의 기세에 일보라도 뒤로 물러날 수 없습니다. 죽음도 사양할 수 없습니다. 무조건 순종함이 그를 더 사랑함이 됩니다.

주의 몸 된 교회를 사랑할 것

교회를 위하여 연보할 때 5전, 10전을 내고도 큰돈을 낸 줄로 여기고, 형제가 궁핍하므로 돈을 꾸어 달라 하면 입을 삐치고 "요즘에 돈이 없어, 돈 만나본 지가 오래요" 하면서 시치미를 뗍니다. 그러나 자기 자녀가 학비를 청구하면 100원도 300원도 아낌없이 청구한 대로 줍니다. 허리띠를 꼭 졸라매고, 입지도 아니하고, 먹지도 아니하고 그저 저축만 합니다. 그리하고는 땅을 삽니다. 한 마지기를 사고, 두 마지기를 사고, 살수록 한이 없어 저축하고 또 저축합니다. 그는 자기를 위하여 저축하고, 자녀를 위하여 저축합니다. 아들을 위하여 아껴 쓰고 단식합니다. 그 의지가 돌같이 굳습니다. 그러나 그 부모가 죽고 나면 그 축적하였던 재산은 자식이 탕진하여 버립니다. 그 부모 된 사람은 그 아들을 위해서는 근검저축했지만, 교회를 위하여, 인류를 위하여, 사회를 위하여서는 한 푼도 쓰지 않았습니다.

대구에서 학교를 위하여 연보할 때 어떤 부인이 "만 원" 하고 불렀으나 그곳의 한 부자 장로는 흔들흔들하고 돈을 내지 않았습니다. 모든 교인의 시선이 전부 그 장로에게로 집중되어 '저 장로는 상당히 돈을 내겠다' 하고 크게 기대하였지만, 결국 그 장로는 한 푼도 내지 아니하고 '끙' 하고 일어나서는 예배당 밖으로 나가 버렸습니다. 이것이 주를 사랑하는 행동입니까? 교회를 사랑함이 주를 사랑함이 되고, 형제를 사랑함이 주를 사랑함이 됩니다.

주께서도 "너희가 여기 내 형제 중에 지극히 작은 자 하나에게 한 것이 곧 내게 한 것이니라"(마태복음 25:40) 말씀하셨습니다. 또한 사도 요한은 "눈에 보이는 자기 형제를 사랑하지 않는 사람이 어찌 보이지도 않는 하나님을 사랑하겠느냐"(요한일서 4:20) 하였습니다. 그러므로 교회를 사랑함이 곧 주를 사랑함입니다.

주를 사람들에게 증거할 것

우리가 예배당에 왔다 갔다 하기만 한다고 주를 사랑하는 것이 아닙니다. 곧 모든 사람에게 주를 증거하여 사람으로 하여금 주를 믿게 함이 곧 주를 사랑함입니다. 바울도 주를 증거하기 위하여 화와 핍박을 받았습니다. 이는 주를 사랑함으로 고난을 받으면서도 증거함이 아닙니까?

주를 믿는 마음이 변치 않아야 할 것

환난이 있어도, 화형을 받아도, 곤고와 빈궁이 있어도 주를 믿는 마음은 변치 않아야 합니다. 러시아에서 어떤 예수 믿는 청년을 옥에 가두고 음식을 먹지 못하게 했습니다. 7, 8일이 지난 다음에 그 청년 앞에 빵을 가져다 놓고 "이래도 예수를 믿는다 하겠느냐?" 할 때, 이 청년의 코를 자극하는 빵 냄새는 비상했지만, 7, 8일 동안을 먹지 않으니까 마침내 그 청년을 옥에서 내어 쫓았다 합니다.

또한 어떤 양반의 부인이 예수를 믿는데, 아무리 믿지 말라고 권하여도 듣지 아니하고 언제나 한결같이 믿었습니다.

그러니까 이 양반은 마음에 잔뜩 화가 나서 그 아내를 두들겨 때리고자 하였으나 양반 체면상 그것도 할 수 없고 하여서, 예수를 믿는 아내가 어찌나 밉던지 아내의 팔을 잡아당겨 '앙' 하고 입으로 물어뜯었습니다. 그러자 팔에서 피가 흘렀습니다. 그러나 아내는 조금도 원망하지 아니하고 여전히 기쁨으로 찬송하였습니다. 그 후에 이 양반은 반신불수가 되어 무한히 고생하였습니다. 그러나 그 부인은 지금까지 잘 믿고 있습니다.

그러므로 주를 믿는 마음이 변치 아니하여야 모든 고난을 이기고 복을 받을 것입니다. 다시 말하면 주를 믿는 자에게는 이 세상의 환난이나 곤고나 박해나 기근이나 적신이나 위험이나 칼이나 기타 아무것이라도 우리 주 그리스도 예수 안에 있는 하나님의 사랑에서 우리를 능히 끊지 못할 것입니다(로마서 8:35).

주를 더 사랑하고 믿는 자의 복은 무한대입니다. 그러므로 형제들이 이 세상에 있는 동안에 부모와 형제와 처자와 재물을 주 예수보다 더 사랑하여서는 안 됩니다. 하나님은 지존하시매 우리에게 절대적 사랑을 요구하십니다. 그리하여 주를 사랑하는 자이면 주를 절대로 믿고, 주를 절대로 순종하고, 주의 몸 된 교회를 사랑할 것이요, 주를 사람에게 증거하고 주를 믿는 마음이 변치 않는 것이라 생각합니다.

부활운동. 제2권 12호. 1936. 12.

십자가의 도

고린도전서 1장 18-31절

> 십자가의 도가 멸망하는 자들에게는 미련한 것이요
> 구원을 받는 우리에게는 하나님의 능력이라 (고린도전서 1:18)

이제 온 천하에서 모든 사람이 기뻐하는 일 가운데 제일 기뻐하는 날은 주님께서 탄생하신 날이올시다. 그러나 예수의 도, 십자가의 도를 생각해 보면 아니 믿는 사람이 생각하기에는 '십자가의 도'같이 미련한 길은 없다고 합니다. 동정녀가 잉태하였다는 말은 사람의 생각으로는 아무리 연구해 보아도 미련한 말 같습니다. 인생이라고 하는 것은 우리의 조상 아담과 하와 때부터 한 남자와 한 여자가 있어야 자녀를 낳는데, '어찌하여 처녀의 몸으로 어린아이가 탄생했다는가' 하고 이 세상의 큰 지식인들이 의심하는 바입니다. 그래서 어떤 이는 거룩하신 주님께 낮은 말까지 붙여 놓습니다. 그 불량한 말,

입에 담지 못할 말을 주님께 합니다.

이 세상에 나신 이 중에 천하에서 제일 불쌍하게 나신 이는 예수님이올시다. 그는 말구유에 나셨습니다. 때도 추울 때입니다. 부잣집에서는 어린 아기가 나면 그 어린 몸을 보호하는 것이 많지만, 예수님께는 그런 은사가 없었습니다. 객지에서, 마구간에서 난 아버지도 없는 아기올시다. 이 세상에서 제일 가련한 사람은 아비 없는 아이올시다. 주님께서는 생전에 한 번도 호사를 누려 본 일이 없습니다. 갓 나서 피난 가느라고, 또는 학교에도 다녀 보지 못하고 어려서부터 양아버지 요셉이 하는 목수일을 도와주고, 요셉이 "이것 잡아라" 하면 "네" 하고, "저 나무, 가져오너라" 하면 "네" 하고 요셉의 심부름꾼 노릇을 했습니다. 30년 동안이나 불량자들에게 아비 없는 자식이라는 별 욕을 다 먹고, 30년 이후에 나와서 세상에서 놀라운 일을 했지만, 지식계급에서는 "앉은뱅이가 걸어 다니고, 소경이 눈을 뜨고, 죽은 사람이 다시 살아나고… 그런 무식한 말, 그런 미친 소리가 어디 있느냐?"고 했습니다. "죽은 사람이 다시 살았다는 것은 죽은 게 아니고 거짓으로 죽은 것이었던 게지" 하며, 예수님이 무슨 좋은 일을 하든 비평만 하고, 수천 명이나 따라다니는 것을 보고 "저런 정신 없는 놈!"이라고 따라다니는 사람까지 욕을 했습니다. 욕을 하다못

해, 나중에는 십자가에 못을 박아 놓았습니다.

그때 사람뿐 아니라 고금을 통해서 지금까지 지식이 있다고 하는 사람들이 예수교는 미련한 교라고 합니다. 성경을 연구해 보고, "이적은 전혀 거짓말"이라고 합니다. "미친 것들, 이것을 믿는단 말이냐?" 하고 어리석게 봅니다.

그런데 오늘 보니 이상하지 않습니까? 온 천하에서 많은 대중이 제일 기쁜 날이라고 하는 날이 바로 예수가 탄생하신 날이라고 합니다. 젊은 사람이나 늙은 사람이나 서로 선물을 많이 보내는 날이 이 날이올시다. 어느 국가의 독립일보다도, 세계에서 제일 유명하다는 위대한 사람의 난 날이나 죽은 날도 예수님 탄생하신 날 이상으로 지내는 날이 없습니다. 예수님이 탄생하신 것을 보면 처녀가 낳았고, 자기 신분에 맞지 않는 자리에서 태어났지만, 오늘날 예수님은 하늘에 올라갔습니다. 이것이 하나님의 지혜요, 권능이 아니고 무엇입니까? 믿는 사람에게는 권능이요, 아니 믿는 사람에게는 화가 됩니다.

아니 믿는 사람들이 믿는 이를 향해서 어리석다고 하는 것이 있습니다. 그것은 예수가 십자가에 못 박혀 죽었다가 다시 살아나셨다고 하는 것이올시다. 십자가는 무엇이냐 하면, 악한 사람을 죽이는 형틀입니다. 이 사람은 국가에 큰 해를 끼치는 존재라 해서 저들이 예수님을 십자가에 못 박아 죽였습니다. 욕은 십자가보다 더 큰 욕이 없습니다. 조선에서도 '육시戮屍(시체에 다시 목을 베는 형벌)를 할 놈', '주릿대를 틀 놈', '오라질 놈', '이 경을 칠 놈' 하고 욕하지 않습니까? 그 나라에서는 '십자가에 못 박을 놈'이라 하는 욕보다 더한 욕은 없습니다. 십자가는 악한 사람, 고약한 죄를 지은 사람을 죽이는 형틀입니다.

그러나 오늘은 어떻게 되었습니까? 천하에 제일 귀한, 도적을 죽인 그 십자가 아래 있는 사람이 얼마나 많습니까? 사람마다 십자가를 차고 다니며, 십자가를 메고 다니고, 또는 이 십자가 아래서 술 먹던 사람이 술을 끊고, 음행하던 사람이 음행을 고치고, 싸움하던 사람, 욕심 많은 사람, 교만한 사람이 모두 고치고, 이 십자가 앞에 자기의 재물을 내놓고, 자기의 지위를 내놓고, 십자가 앞에 거리끼는 것은 다 내놓습니다.

이 십자가 앞에서 눈물 흘리는 사람이 얼마나 많습니까? 이 눈물은 아버지 죽어서 우는 눈물이 아니고, 어머니 죽어서 우는 눈물이 아니고, 자기의 죄를 자복하는 눈물, 하나님의 은혜를 감사하는 눈물이올시다. 남의 죄를 위해서 애통하는 눈물, 1,900년 동안 흘린 눈물은 한강 물보다 더 많을 것이올시다. 이 십자가는 아니 믿는 사람에게는 미련한 것이 되지만, 우리에게는 지혜올시다.

또 이 십자가와 같이 영광스러운 일이 어디 있습니까? 서로 죽이고 죄를 짓는 전쟁 마당에서도 십자가를 붙인 적십자군은 원수라도 죽이지 아니합니다. 예수님만 하늘에 올라간 것이 아니라, 그 형틀인 십자가까지 올라갔습니다. 이 십자가를 믿는 우리에게는 영광이요, 복입니다.

지금 제일 어리석다고 하는 것은 '천당 간다'는 말이라고 합니다. 제가 어떤 유명한 지식계급에 있는 이를 만나서 이야기하는 중에, 예수 믿고 천당 간다는 말은 무식한 사람, 또는 부인들에게나 할 이야기지 자기와 같은 신사에게 그런 말은 하지 말라고 합디다. 여러분, 정말 영혼이 없습니까? 천당이 없습니까?

저도 예수 믿기 전에는 죽으면 그만인 줄 알았습니다. 그러나 오늘날 믿고 보니 영혼이 있는 줄 알았습니다. 천당도 있는 줄 알았습니다. 이 강대상을 만든 이가 없습니까? 이 강대상이 만든 사람이 없이 저절로 되었다고 하는 사람이 있으면, 그 사람은 정말 정신없는 사람입니다. 해와 달과 별을 만든 이가 없다고 생각한다면, 그 사람은 정말 정신없는 사람입니다. 저도 예수 안 믿었으면 정신없는 사람이 될 뻔했습니다. 그러나 저도 이 십자가를 만났기 때문에 천당 있는 것도 알고 지옥 있는 것도 알았습니다. 이 십자가는 제게는 권능이요, 복입니다.

자기는 아무리 잘났다고, 지혜 있다고 하지만 이 십자가의 도를 모른다고 하면, 이 십자가의 권능을 모른다고 하면 그는 참말로 어리석은 사람이요, 지혜 없는 사람입니다. 십자가의 도가 저 사람에게는 제일 어리석게 보이지만, 우리에게는 권능이요 영광입니다. 이 영광의 복이 얼마나 큰지 다 말할 수 없습니다. 십자가의 도가 멸망하는 사람에게는 미련한 것이 되고, 구원을 얻는 우리에게는 하나님의 권능이 됩니다. 이 권능은 세상이 이기지 못하는 권능, 모든 죄를 이기는 권능이올시다.

성신을 받으라

사도행전 1장 1-12절

> 오직 성령이 너희에게 임하시면 너희가 권능을 받고
> 예루살렘과 온 유대와 사마리아와
> 땅 끝까지 이르러 내 증인이 되리라 하시니라 (사도행전 1:8)

주님께서 세상에 계시다가 십자가에 못 박히신 후에 교회가 세상에 있게 되고, 주님은 하늘나라로 올라가셨습니다. 그때 세상에 있는 교회의 환경은 대단히 위험했습니다. 하나님의 아들이 죽임을 당했으니 교회는 어떻게 되었겠습니까? 그때 주님은 승천하시기 전에 제자들에게 이르시되 "예루살렘을 떠나지 말고 내게서 들은 바 아버지께서 약속하신 것을 기다리라 요한은 물로 세례를 베풀었으나 너희는 몇 날이 못되어 성령으로 세례를 받으리라"(사도행전 1:4-5) 말씀하셨습니다.

오늘날 우리 교회는 이 성신세례를 요구합니다. 그때 유대 사람들은 우리와는 아주 달랐습니다. 우리의 조상은 하나님 섬길 줄을 몰랐습니다. 그러나 유대 사람은 조상 때부터 하나님을 섬기는 삶을 잘 알았고, 구약성경을 안식일마다 외우고 듣고 배우고 가르쳤습니다. 그러나 아직 성령세례는 못 받았습니다.

이 성신이라는 말은 다른 데서는 듣지 못합니다. 교회에서만 듣습니다. 이 성신세례를 받아야 완전한 교인이 됩니다. 성신 없이는 교인이 아닙니다. 성신 없이는 아무것도 못 합니다. 그때는 신학교는 없었지만 주님이 산 신학교요, 산 위가 신학교였으며, 잔디밭이 신학교였습니다. 신령한 신학교가 있었습니다. 이 신학교의 선생은 하나님의 아들 예수님이셨습니다. 실지로 실물을 보여 주며 많은 것을 가르쳤습니다. 제자들은 별 이적을 다 보이고 변화를 보이고 만지기도 하고 잘 알게 되었지만, 아직 성신세례를 받지 못하여 서로 시기하고 싸우고 칼을 뽑는 혈기를 부리고 도망하고 배반했습니다. 극진히 사랑한다던 제자들이 무서워 멀리 서서 구경만 하고, 주님이 죄 없는 줄 알면서 한마디도 죄 없다는 증거도 못하였습니다. 왜 그렇습니까? 그 이유는 아직 성신세례를 받지 못했기 때문입니다.

그러면 성신세례가 무엇입니까? 세례는 씻는다는 뜻입니

다. 육신세례는 물로 성부와 성자와 성신의 이름으로 깨끗이 씻는다는 표시만 됩니다. 교회에 입교하였다는 표시입니다.

성신세례는 그와 같지는 않습니다. 성신세례는 불에 비유하고, 비둘기에 비유했습니다. 비둘기가 성신이냐 하면 그렇지 않습니다. 비둘기와 같이 순하다는 뜻입니다. 성신의 성품을 가르친 것뿐입니다. 비둘기와 같은 성신을 받았다는 것은 비둘기의 성품과 같이 온순해졌다는 말입니다.

성경 가운데 위험한 인물이 많지 않습니까? 사울이 얼마나 위험했습니까? 유대교의 종교가로 모태로부터 하나님을 섬겼습니다. 그러나 잔인무쌍하지 않았습니까! 스데반을 때려죽일 때, 배가 터지고 머리가 깨어져도 더 때리라고 하며 스데반이 죽는 것을 보고도 기뻐했습니다. 그것을 즐거워했습니다. 그러던 사람이 다메섹에서 성신의 세례를 받은 후에는 여러 곳에 가서 매를 맞고, 이리 끌려다니고 저리 끌려다니고, 죽기까지 매를 맞으면서도 때린 사람을 원수로 오래 간주하시도 않고, 원수를 갚으려고도 하지 않았습니다. 비둘기 같은 성신세례를 받았기 때문입니다.

베드로 같은 사람도 위험한 인물이 아닙니까? 베드로는 주님의 말씀을 잘 배웠습니다. 그러나 예수님께서 잡히시던 날 밤에 예수의 편을 든다고 하면서 혈기를 부려 말고Malchus의

귀를 베었습니다(요한복음 18:10). 그러나 베드로가 성신을 받은 후에 누구와 싸움했다는 말이 없습니다.

우리 마음에 제일 위험한 것은 혈기입니다. 혈기는 싸우고 살인까지 하게 합니다. 교회가 싸움하는 것은 이 혈기 때문입니다. 가정이 불화하고 싸우는 것도 이 혈기 때문입니다. 혈기는 마귀의 기묘한 꾀입니다. 이 혈기라고 하는 것을 씻음 받기 전에는 교인이 못 됩니다. 성경말씀에서 혈기를 부리는 성도를 한 번도 본 적이 없습니다. 누가 예수님을 미워한다고 해서 대신 미워했습니까? 누가 예수님을 죽이려니까 대신 죽이려 했습니까? 누군가를 꺼리거나 미워하지 않는 순한 마음을 가진 사람, 그것이 성신세례입니다. 남을 미워하고 원수를 오래 미워하고 악독한 마음을 품고는 성신세례를 받을 수 없습니다. 성령세례 받기 전에는 전도도 하지 말라고 하셨습니다. 세상은 혈기로 합니다. 모두 혈기를 부리고 서로 시기해서 전도할 자격이 없다는 말입니다.

그러면 이 성신세례는 무엇입니까?

세례는 물로 씻는다는 뜻입니다. 물이 무엇입니까? 깨끗하게 하는 것이요, 씻는 것입니다. 이 세상은 참말로 음란한 세상입니다. 예수님께서 왜 음란한 세상이라고 하셨습니까? 요즈음 서울만 보아도 새벽 한 시에 술에 취하고 거리를 비틀거리며 다니는 사람들이 얼마나 많습니까? 여자와 남자가 얼마나 음란한 죄를 짓습니까? 무슨 광고에는 온통 여자를 그립니다. 그 여자 보러 가까이 가서 광고를 보게 합니다. 얼마나 위험한 세상입니까? 음욕이 세상에 가득 차 있습니다. 이 음욕이 우리 마음속에 집을 짓고 있습니다.

어떤 이는 교회의 높은 직분을 받았다가도 음란의 죄로 인하여 깊이 타락하고, 교회에 좋지 않은 냄새를 피우고 맙니다. 이런 일이 우리 교회에 적지 않습니다. 신입 교인이 그 죄를 범해도 문제일 텐데, 하물며 강단에 서 있는 이가 그런 죄를 범할 때 교회에는 얼마나 큰 욕이 오겠습니까? 교회의 빛을 얼마나 가립니까? 태양이 빛을 내지 못하는 것이 아니라, 구름이 가리기 때문에 광채를 발하지 못하는 것입니다. 이와 같이 우리 먼저 믿는 이들이 실수해서 하나님의 빛을 가립니다. 하나님이 빛이 없어서 못 내는 것이 아니라 우리가 죄를 지어 가려 놓는 것입니다. 지금은 음란이 대단합니다. 성신세례를 받아야겠습니다. 제가 40년 동안 예수 믿고 38년 동안 교회 일을 하면서 살펴본즉 오래 믿다가 떨어지는 사람은 모두 그 죄를 지은 사람이올시다.

먹고 입는 것만이 사람이 아닙니다. 자기가 도달한 후에야 다른 이도 도달하게 합니다. 벗은 사람이 벗은 사람을 흉보는 것처럼 소경이 어떻게 소경을 인도하겠습니까? 성신세례를 받아 죄를 씻은 사람이라야 하겠습니다. 마음이 깨끗한 자가 하나님과 동행합니다. 이사야는 입을 씻은 다음에야 전도했습니다(이사야 6:5-7). 사도들도 성신세례를 받은 후에야 전도했습니다.

제가 중국 산둥성에 가서 중국 사람을 위해서 부흥회를 인도하는데, 그때 통역은 박상순 목사님이 하셨습니다. 교인은 한 200명 모였는데 그때 어떤 교인이 눈을 아주 무섭게 뜨고서 저만 쳐다보는 것이었습니다. 그런데 어떻게나 보기가 싫은지, 저는 그 사람이 마주 눈을 부릅뜨고 보는 얼굴을 피해서 다른 데를 보면서 이야기했습니다. 설교를 다하고 나서 저는 박 목사님께 "저 사람이 왜 눈을 그렇게 무섭게 부릅뜨고 보는지, 참 이야기하기 곤란했습니다" 하고 이야기했습니다. 이에 박 목사는 웃으면서, 그이가 전에는 살인하고 악한 일을 많이 하던 사람이었는데, 회개하고 첩도 다 내보내고, 아주 순하고 마음 좋은 사람이 되고 집사까지 되었다고 합니다. 그 사람은 마음 가운데 열심이 나면 눈을 그렇게 뜬다고 합니다. 마음이 아주 깨끗한 사람을 보고 저 혼자 괜히 혼났습니다. 깨끗한 사람! 성신세례를 받으면 더러운 여자와 더러운 남자도 다 깨끗해집니다.

신천信川에서 어떤 남자가 방탕해져서 양복 차림을 하고 기생집에만 갑니다. 제일 더러운 사람이 되었습니다. 그는 학식도 있고 부자입니다. 하루는 전도를 받고 예수 믿기로 작정하여, 은혜받고 그 옷을 다 팔고 아주 검소한 생활을 하게 됐고 소박한 이가 되었습니다. 겸손한 이가 되었습니다. 그이가 장로가 되었습니다. 그이는 늘 말하기를 "나같이 못된 놈이, 이 아가리가 못된 놈이 믿음이 없습니다" 합니다. 제가 "그래, 정말 믿음이 없소?" 하고 물으니까 그이 말이 "정말 믿음이 없소. 산에 가서 밤에 기도하려면 범이 물어 갈까 봐 무서워 기도를 못하겠더니 절간에 들어가서 문 닫고는 기도했습니다. 그래 하나님을 창구멍 같은 아주 작은 구멍만큼도 못 믿으니 무슨 믿음이 있습니까?" 합디다. 그렇게 더럽던 사람이 얼마나 깨끗해졌습니까? 온 세계에는 음란한 여자와 남자가 거룩해지고 깨끗해지는 경우가 얼마나 많은지 모르겠습니다.

진남포鎭南浦의 어떤 사람은 예배당에 와서 자꾸 울면서 기도하더니 집에 가서 자기 첩을 당장에 나가라고 했습니다. "누님, 어서 나가야 하겠습니다. 누님, 어서 나가십시오" 했습니다. 그 사람이 "그러면 나 먹고 살 것을 달라" 하니까 "자, 얼마든지 달라는 대로 줄 터이니 어서 나가 달라"고 해서 내보내고는 지금 장로까지 되었습니다.

그 마음속에 있는 죄를 씻는 것이 성신세례입니다. 남자가 여자를 대할 때, 자기 누님이나 형수같이 대하는 것이 얼마나 깨끗한 마음입니까? 남의 여자를 보고 음욕을 품는 그런 죄 짓는 이가 얼마나 많습니까? 온종일 그런 죄를 짓는 이가 얼마나 많습니까? 그런 고약한 죄는 한정이 없습니다. 그러나 모든 사람을 볼 때 내 형수, 내 아주머니, 내 누님으로 대하는 것은 참 깨끗하지 않습니까?

예수님께서 사마리아 여인에게 물을 좀 달라고 하니까(요한복음 4장), 그 여인은 "당신은 유대인으로서 어찌하여 사마리아 여자인 나에게 물을 달라 하나이까?" 하고 어그러진 소리를 하지 않았습니까? 예수님께서 "네가 만일 하나님의 선물과 또 네게 물 좀 달라 하는 이가 누구인 줄 알았더라면 네가 그에게 구하였을 것이요 그가 생수를 네게 주었으리라" 하셨습니다. 그 여인은 "주여 물 길을 그릇도 없고 이 우물은 깊은데 어디서 당신이 그 생수를 얻겠사옵나이까?" 하자, 예수님은 "가서 네 남편을 불러오라" 했습니다. 그 여인은 남편이 없다고 했습니다. 이때 예수께서 "전에 네게 남편 다섯이 있었다"는 말을 하니까 그 여인은 깜짝 놀라며 회개하였습니다. 예수님께서 회개시키셨습니다.

이와 같이 불쌍한 여인을 보면 "어떻게 하여야 이 사람을 하나님이 긴하고 귀하게 쓸 사람이 되게 할 수 있을까" 하고 여인을 불쌍히 여기는 마음까지 가져야 성도의 자격이 있습니다. 우리 예수 믿는 사람을 '성도'라고 하지 않습니까? 우리는 다 진정으로 마음이 깨끗한 성도가 돼야겠습니다.

이 불세례를 이상히 해석하는 이가 있습니다. 요새 보니까 어떤 이는 "나는 기도하다 불을 보았다" 합디다. 이것은 다 성경에 무지해서 그렇습니다. 성신 받을 때 불이 내려왔다는 말이 어디 있습니까? 그것은 표시인데 지금도 불을 달라고 합니다. 성신이 지금 하늘에서 내려오는 것이 아니고, 예수님께서 승천하신 후에 이 세상에 이미 와 있어서 우리 마음 문만 열면 들어오려고 우리 마음 문밖에서 기다리고 계십니다.

우리 교인이 게으릅니다. 우리 교인이 성경 보는 데 열심이 얼마나 있습니까? 기도하는 데 열심이 얼마나 있습니까? 옛날 사람은 기도를 열심히 하였습니다. 지금은 한 시간 동안 기도하는 이를 보기 어렵습니다. 옛날 사람은 한 주일에 닷새 동안 굶어 가면서 기도했습니다. 게으른 이가 부자 되는 법은 없습니다.

어떤 교회는 풍금 사다 놓고 찬양대도 있고 굉장히 잘 갖추어 놓아도, 교인들이 게을러서 낙심이 되어 아니 오는 사람에게 가서 좋은 말로 나오도록 권할 생각은 아니하고 코웃

음만 칩니다. "그게 무얼 교회 다녀, 흥!" 하고 콧소리만 합니다. "그것 잘 됐어, 흥!" 하고 코가 전도합니다. 초대 교회 때는 한 사람만 안 와도 온 교인이 가서 권하고, 왜 아니 왔느냐고 권했습니다.

지금 성경을 열심으로 보는 이가 얼마나 됩니까? 여기 성경을 이렇게 쌓아 놓은 것도 귀하게 여기지 않습니다. 어떤 이는 가지고 다니기 싫어서 성경을 예배당에 두고 다닙니다. "내 성경책 지난 주일에 여기 두었는데 어디 갔나?" 하면서 예배당에 두고 몸만 다닙니다. 어떤 집에 심방을 가서 가정 기도회를 하려고 하는데, 성경을 기저귀 속에서 꺼내 옵니다. 그것도 아래위 다 떨어지고 가운데 토막만 가지고 나와서 예배 드리겠다고 합다. 오늘날은 성경을 이렇게 업신여깁니다. 그리고 예배당에 와서는 졸기만 하다 갑니다. 어떤 이는 화가 나서 못 견디겠다고 합다. 그것은 마귀의 불입니다.

예레미야는 성신의 불 때문에 매를 맞고, 그 불 때문에 견딜 수 없다고 하지 않았습니까? 평양의 어떤 부인이 떡 장사, 쇠고기 장사를 해서 겨우 지내는데, 그 남편은 방탕해서 하루는 술을 잔뜩 먹고 들어와서 밥 잘못했다고 그 아내를 때립니다. 그러나 성신 받은 그 부인은 남편에게 공손히 "어서 방에 들어가 주무십시오" 하고 방으로 데리고 들어가서 자리를 깔아 누였습니다. 그 술내가 고약히 나는데 그 옆에서 남편을 위해서 기도하고 싶은 간절한 마음이 나서 "하나님! 제 마음을 감동시킨 하나님! 제 남편도 감동시켜 주시옵소서" 하고 한 번 하고, 두 번 하고, 또 하고, 또 하고 날이 밝도록 울면서 기도했습니다. 그 남편이 우는 소리에 깨어 아내가 자기를 위해 기도하는데 감동되어 "여보! 나도 예수 믿겠소" 하고 그 남편도 회개하여 예수를 잘 믿어 지금은 부자가 되었습니다.

성신의 불이 있다면 어찌 믿지 않는 남편을 보고 편안할 수가 있습니까? 믿지 않는 아들을 보고 그 마음이 편안할 수 있습니까? 그 남편을 위해서, 그들을 위해서 금식기도를 하는 것은 그 불 때문입니다. 매 맞는 것 아픈 줄 모르는 이가 누가 있겠습니까? 그 불 때문에 매를 맞아도 아픈 줄을 모릅니다. 그 불이 있어야 하겠습니다. 몸에 열기가 없는 이는 죽은 것이올시다. 불이 없는 교회는 죽은 교회입니다. 개인도 그렇습니다. 불이 없으면 교회라고 할 수 없습니다. 불세례를 받아야 합니다.

어떤 이는 기차를 타고 하루 종일 안 믿는 이 하고 같이 앉아 가면서도 예수 믿으라고 아니합니다. 성냥은 문지르면 불이 납니다. 성신의 불 없이는 아무리 오래 비벼대도 불이 안 일어납니다. 인격이나 있는 듯이 배는 잔뜩 내밀고, 아무 말도 아니하고 갑니다.

불은 밝은 것을 가리킵니다. 우리 신자들이 이 성신세례를 못 받으면 하늘나라 있는 것도 모릅니다. 죽어 천당에 가는 것도 성신을 받지 않고는 도무지 알 수 없습니다. 성신 불세례를 받아 심령이 밝지 못하면 도무지 깨달을 수 없습니다. 아무리 학문이 많아도 이것은 알 수 없습니다. 이것을 아는 이가 누구입니까? 예수와 그 나라와 영광을 알게 되는 이는 성령의 세례를 받은 이올시다. 이 성신세례를 받지 못한 이는 입으로는 "천당에 계신 구세주를" 하고 찬송하면서도, 마음속으로는 '천당이 정말 있는지 모르겠다'고 합니다.

우리 천당은 동전만 쓰는 데입니까? 말로만 "연보, 연보, 들어간다, 들어간다" 하면서 동전만 바칩니다. 도둑이 구멍을 못 뚫는 곳(마태복음 6:20)이 있다는 것을 참 귀가 있어 들었으면 누가 연보를 아끼겠습니까? 이 세상에서 아무 데도 안 쓰고 돈 모으면 땅 사고, 땅 사면 돈 모으고, 돈 모으면 땅 사고, 이런 이가 얼마나 많습니까? 성신의 불세례를 말로는 안다고 하지만 그런 이들이 영원히 성령을 모시는 것은 대단히 어려워 보입니다.

그러면 우리 마음 안에 악한 성질의 교만한 마음을 씻어야 하겠습니다. 성신이 우리 안에 있다면 탐심을 부리겠습니까?

주일을 버리겠습니까? 아니요. 성신이 게을러서가 아닙니다. 성신이 우리 마음 안에 들어오기 전에는 교인이라고 할 수 없습니다.

다음에는 바람으로 비유하셨습니다. 이것은 권세를 가리킵니다. 운동하지 않을 때는 바람이 있는 것도 사람이 알지 못하나, 한번 운동하게 되면 모든 유형한 물질에 운동이 크게 나타납니다. 성신 받은 사람은 한가하게 있을 때는 평인과 같으나, 일을 하게 되는 동시에는 권세가 나타나서 뭇사람의 마음을 운동케 하는 것입니다. 그러므로 미국의 유명한 드와이트 무디Dwight L. Moody[1]라든지, 빌리 선데이William A. Sunday[2]같은 부흥가들이 한번 동쪽을 향하여 갈 때는 동쪽이 움직이고, 서쪽을 향할 때는 서쪽을 움직이며 많은 사람이 그 권세에 끌리어 혹은 울고 웃고 즐거워하며 변화가 많은 것입니다. 바람이 오고 가는 것이 비밀한 것과 같이, 성신도 그 비밀하심이 있어 동행하는 자라도 잘 깨닫기 어렵습니다.

다음에는 인印침으로 비유하셨습니다. 이는 성신 받은 사람은 하나님께서 자기 백성이라고 인침이요, 또 하늘나라에 들어갈 표시입니다. 어떤 사람이 양을 기르는데, 자기 양의

---

[1] 1837-1899. 19세기 미국에서 최대 부흥을 일으킨 부흥사.
[2] 1862-1935. 20세기 초반 미국의 부흥사.

다리 사이에 화인(火印)을 쳐서 표를 했습니다. 그 후에 자기 양이 다른 사람의 양 우리에 들어가게 되었습니다. 그리하여 그 양을 찾고자 할 때 그 우리의 임자는 다 자기 양이라고 주장하게 되어 급기야 재판을 하게 되었습니다. 그 양 잃은 사람이 재판장에게 자기 양이 되는 증거를 그 인친 표로 나타낸즉, 상대방의 불의한 것이 증명되었습니다. 이와 같이 성신의 인침을 받은 사람은 하나님의 사람이 되었은즉, 마귀가 자기 사람이라고 도저히 할 수 없는 것입니다.

"예루살렘을 떠나지 말고 내게서 들은 바 아버지께서 약속하신 것을 기다리라"(사도행전 1:4). 120명이 모여 몇 날 있으면 되겠지 하고 두려워서 다 문 닫고 왔다 갔다 했다는 말은 성경에 없습니다. 그냥 그 자리에 모여서 기도했습니다. 이 형님도 그 기도, 저 누님도 그 기도, 그것만 기도해도 감감합니다. 매우 답답했습니다. 그들은 잘못한 것이 너무 많아서 자기들이 구하는 성신이 오지 않는 줄 알았습니다. 모두 자기 죄를 자복했습니다.

"주여, 저는 주님의 명령을 지키지 못했습니다."

"저는 남을 시기한 죄인이올시다."

"저는 혈기 부린 죄인이올시다."

"저는 교만한 죄인이올시다. 저 때문에 성령을 보내지 않으신가 합니다."

무슨 소식이 있을까 하고 기다리고, 또 기다리고, 7일이 되어도 아니 왔습니다. 그래서 "이제는 헤어지자" 했습니까? 아니, 몇백 날이 되어도 그 다락방에서 먹고 자며 기도하기로 했습니다. 드디어 10일 만에 성신이 왔습니다. 그때야 성신을 받아 크게 부흥이 되었습니다. 요단강 물이 흘러 멀리 흘러가듯이, 압록강 물이 흘러 내려가는 것처럼 성신이 그때 시작하여 온 천하에 퍼지게 되었습니다.

어떻게 하면 교회가 깨끗해지겠습니까? 성신이 오시지 않으면 안 됩니다. 우리가 성신 받기 전에는 살았다고, 믿는다고 하지 맙시다.

성경에 분명히 "너희는 믿음 안에 있는가 너희 자신을 시험하고 너희 자신을 확증하라"(고린도후서 13:5) 하였습니다. 우리가 살면서 예수가 내 안에 있는지 없는지, 성신이 내 마음에 있는지 없는지 모르겠습니까? 그렇다면 성신이 내 마음속에 들어오기까지 힘써 기도해야겠습니다. 기도하는 그 자리에서 성신 받을 때까지 그냥 자꾸 기도해야 합니다. 무디 선생은 기도할 때 성신이 너무 오니까 "성신을 더 주시면 제가 죽겠사오니 더 주지 마십시오" 했습니다. 부인네들 세탁할 때 씻고 또 씻고, 빨래하고 또 씻고, 하얘지도록 하지 않습니까?

제가 평양에 가서 처음 신학 공부할 때, 제 옆에 있는 이가 아주 총명해서 제가 좀 대답하려고 해도 그가 다 대답해서 저는 대답할 틈이 없었습니다. 저는 그 사람을 시기했습니다. '저 사람이 좀 앓기라도 하면 좋겠다.' 여러 사람이 그 사람을 칭찬할 때 저는 그 사람이 죽으면 좋겠다고까지 생각했습니다. 이것이 신학생이오? 저는 혼자 깜짝 놀랐습니다. '아니, 내가 신학 공부하러 오지 않고, 시기 공부하러 왔나' 하고 오랫동안 눈물로 자복하며 기도했습니다. 기도하고, 또 기도하고, 사흘 동안이나 애써 기도했습니다. 저는 그 형님에게 시기한 값을 내야겠다고 생각하고 그 형님에게 털저고리를 주었습니다.

우리는 이 성신을 받기까지 기도해야겠습니다. 왜 기도를 싫어합니까? 왜 성신 받기를 싫어합니까? 성경이 여러분을 싫어하는 것이 아니라, 여러분이 성경 읽기를 싫어하는 것입니다. 성경은 참말로 맛있습니다. 다윗은 성경이 꿀같이 달다고 했습니다(시편 19:10). 성신이 마음에 있으면 "보아라" 아니해도 성경 봅니다. "기도해라" 아니해도 자꾸 기도합니다. "전도해라" 아니해도 어떻게든지 전도합니다. "사랑해라" 아니해도 사랑합니다. 성신만 받으면 이와 같이 될 수 있습니다. 병들었을 때는 좋은 음식도 맛이 없어 못 먹습니다. 냄새

나고 역해서 먹을 수 없습니다. 그러나 병이 나은 후에는 음식이 어찌나 맛있는지요! 다 먹고 너무 맛있어서 "더 없소?" 합니다. 입 속에서 자꾸 "들여라, 들여라" 합니다. 어찌나 맛있는지요.

예수 안 믿는 이는 성령이 맛이 없습니다. 하지만 다른 것을 볼 때는 재미있고 맛있습니다. 기도하기 싫어합니다. 하지만 다른 사람과 이야기할 때는 잘합니다. 이사야라고 해서 우리와 크게 다른 이가 아니올시다. 다 같은 사람이올시다. 그러므로 우리에게 성령을 안 주실 리 없습니다. 우리도 성신을 받아 우리 교회가 크게 부흥되기를 바랍니다.

성신 받는 분별

세상 사람들은 수많은 종교가 다 같은 줄 압니다. 그러나 예수교 외에 다른 종교를 보면, 무엇을 하며 무엇을 지키라는 말을 많이 하였습니다. 하지만 그 말로써 능히 사람의 맘을 변화시키는 능력이 없는 까닭에 거룩한 능력이 없습니다. 그러나 우리 예수교의 말씀은 무엇을 지키고 무엇을 하라고 가르치신 말씀뿐만이 아니라, 그 말씀에 반드시 능력이 있습니다. 능력이 있을 뿐만 아니라 한층 더 힘이 무한하신 성신을 보내사 그 말씀으로 사람의 마음을 크게 변화시키는 일을 행하십니다. 이것이 곧 다른 종교보다 탁월한 것입니다. 이러므로 믿는 자는 성신을 받아서 변화하는 일이 있는 것입니다.

성신은 신이시므로 우리가 능히 볼 수도 없고 만질 수도 없습니다. 그러나 우리가 말씀 읽고 기도하는 데 열심하여 성신께서 우리 마음에 임하시면, 큰 변화가 우리 마음 가운데 생기게 됩니다. 이 성신의 위(位)는 하나님과 같으신 삼위일체 중의 한 분이시며, 나타나신다면 성경말씀과 같이 사람에게 알리기 위해 비유로 가르치시기도 하시고, 또 물질의 형상으로 나타나기도 하십니다. 이를 아래와 같이 말할 수 있습니다.

1. 비둘기 모양으로 나타나심은 그 성품을 가리키심이니 그는 성질이 부드럽고 무던하사 제물이 되셨습니다.

2. 물로 말씀하셨으니 물은 더러운 것을 정결하게 합니다. 곧 음란한 말과 호색 방탕하던 사람을 성결하게 하사 정당한 부부생활의 정조를 서로 굳게 지키게 하시는 능력이 있는 것입니다.

3. 불로 말씀하셨으니 이는 하나님을 섬기는 일과 의로운 일에 모든 게으른 마음을 태워 없이한 후 열심이 불같이 일어나게 하는 능력을 가르칩니다.

4. 기름으로 말씀하셨으니 이는 기름과 불이 합하면 그 세력이 더욱 힘찬 것과 같이 성신이 우리 마음에 열심을 도와주심도 되며, 또 진실한 것을 가르치심도 됨이니 믿는 사람 중에 성신을 받은즉 거짓이 없이 참으로 믿게 되는 것입니다.

5. 바람으로 비유하심은 세력과 권세를 가리킵니다. 바람이 불지 않을 때는 그 소재도 알 수 없되, 한번 불기 시작하면 모든 유형한 물질에 그 운동이 크게 나타납니다. 이와 같이 성신 받은 사람은 그저 한가하게 있을 때는 보통 사람 같으나, 일어나 일을 하게 될 때는 성신의 큰 권능이 나타나서 뭇사람의 중심을 크게 동요시키는 것입니다. 그러므로 유명한 부흥사 무디 선생이라든지 빌리 선데이 같은 이들은 그 발길이 가는 곳마다 크게 움직여 여러 다수의 사람이 그 권능과 세력에 끌리어 통회자복하며, 기뻐 간증하는 것을 보았습니다. 바람이 오고 가는 것이 비밀한 것같이 성신께서도 비밀하셔서 성신을 받아서 동행하는 자라도 잘 깨닫기가 어려운 것입니다.

6. 인印치심으로 비유하셨습니다. 성신 받은 사람은 하나님께서 자기 백성이라 하사 인치심이니, 이는 천국에 들어갈 표시입니다. 무엇이든지 자기의 물건을 타인의 물건과 혼동치 않고 늘 자기의 소유로 보관하는데 이 인침이 필요한 것과 같이, 하나님께서도 자기의 소유인 곧 자기 선민을 구별하시고 보호하여 주심을 가리킵니다.

이제는 성신 받는 것을 아래와 같이 네 가지 조목으로 생각할 수 있습니다.

1. 일시적 감화입니다.

성경을 보면 사무엘의 예언자학교에 사울 왕이 가서 일시적 감화를 받아 예언한즉 사울 왕도 예언하였다 하였으나, 그 후 다시 보통 사람이 되었습니다(사무엘상 19:18-24). 또 사울이 다윗을 죽이러 다닐 때 다윗이 굴속에 있는 것을 알지 못하고 용변을 보려고 그 굴에 들어갔습니다. 그 때 다윗을 따르는 사람들이 사울을 죽이고자 하므로 다윗이 그 부하들에게 "기름 받은 왕을 죽이는 것이 하나님께 범죄함이라"고 말했습니다. 그래도 끝끝내 그들이 사울 왕을 죽이려 하므로 다윗이 부득이 사울의 옷자락을 베어 가졌다가 사울이 평지로 내려간 후에 그 베어 가진 옷자락을 보이며 자기의 명백한 것을 증거하였습니다. 그때 사울은 눈물을 흘리고 큰 감동을 하였으나 또다시 의로운 다윗을 죽이려 했으니 이런 것이 다 일시적 감동이라고 할 수 있습니다(사무엘상 24장).

이와 같이 현재 우리 교회 안의 신자들이 사경회나 부흥회 때 감동을 받아 눈물도 흘리고 작정도 하며 결심도 했다가 다시 그 전 모양으로 돌아가는 것과 마찬가지입니다. 이러한 것들은 다 일시적 감동이기 때문입니다. 그런즉 이러한 사람은 돌밭에 떨어진 씨와 같이 일시적 감화를 받는 사람들입니다.

2. 외적인 감화이니, 곧 겉 감동을 받는 것입니다.

어떤 사람이 믿는다고 하며 겉으로 무엇을 고쳤다고 하나 속에는 그 전에 행하던 일을 행하고자 하는 마음이 그저 있었습니다. 그것을 알지 못하는 교회가 그 사람의 자격과 인격과 권리를 보고 그에게 세례를 주고 좋은 직분도 맡기어 얼마 동안 시켰으나 유다와 같이 나중에는 죄악이 폭발되는 때에 교회가 욕을 당하고 빛을 나타내지 못하는 일이 많습니다. 이런 사람은 마치 돼지를 깨끗이 씻은 것과 같이 그 본성을 고치지 못한 좋은 예입니다.

3. 속 감화 곧 내적인 감화인데, 중생을 이릅니다.

여기에 대하여 네 가지로 말씀하셨습니다. 요한복음 3장 3절에는 "거듭남"이라 하였고, 요한복음 5장 24절에는 "사망에서 생명으로 옮겼느니라" 하였습니다. 마태복음 18장 3절에는 "돌이켜 어린 아이들과 같이 되지 아니하면 결단코 천국에 들어가지 못하리라" 하였고, 에베소서 4장 22-24절에는 "옛사람을 벗어 버리고… 새사람을 입으라" 하셨습니다. 이 말씀들을 해석하면 그 해석은 다 다르나, 그 본의는 다 중생하는 이치를 가르친 것입니다.

그런즉 중생이란 마치 어린아이가 모태 속에서 살다가 그 모태 속에서 세상 밖으로 나옴과 같습니다. 그 모태 중에 있을 때는 캄캄한 속에서 빛을 모르고 핏속에서 배가 움직이는 소리밖에 듣지 못하다가 결국 세상 밖에 나온 후에는 광명한 빛을 보고 시원함을 얻게 되고 부모의 위로와 깨끗한 자리에서 활동하게 되는 것입니다.

이와 같이 중생하기 전의 마음은 죄악 중에서 생활했고, 참빛이 된 예수님을 알지 못하고 더러운 소리만을 들을 따름이요, 죄악에 속박되어 양심의 자유가 없이 지낸 것입니다. 이와 같이 하다가 중생의 첫 문에 이르면 눈물을 흘리며 통회하게 되는 것입니다. 그러므로 중생에 이르려면 반드시 회개함이 없이는 안 됩니다. 그리하여 주님께서도 "회개하라 천국이 가까이 왔느니라"(마태복음 3:2) 하셨습니다.

인간은 누구나 다 죄가 있으매, 성신의 감화를 받지 아니하면 그 범한 죄를 통회하지 않을 것입니다. 자기의 지은 죄로 인하여 가슴을 치며 통회하는 경험을 다른 종교에서는 찾아보기 어렵습니다. 그러나 기독교에서는 이런 경험을 하는 사람을 매우 많이 볼 수 있습니다. 예수를 참으로 믿는 이 중에는 참을 수 없는 경험입니다. 중생한 사람은 지극히 작은 죄라도 범할 때 찔리고 아픈 것입니다. 중생한 자는 죄를 뉘우칠 뿐만 아니라 성경말씀을 사모합니다.

베드로전서 2장 3절을 보면 성경을 보는 사람을 두 가지

유형으로 나누는데, 첫째는 성경을 잘 알아서 남을 가르칠 목적으로 보는 사람, 둘째는 성경을 보고 싶어서 보는 사람입니다. 그리하여 성경을 보는 게 재미있는 취미가 됩니다.

그리고 중생한 사람은 하나님과 같이 되기를 사모합니다. 인간과 개의 새끼가 서로 다른 바는 별로 말할 것이 없으나, 우선 개는 날 때부터 기어 다니되 일어서서 다닐 생각은 전혀 없을 것입니다. 그러나 인간은 자식을 낳으면 처음에는 누워 있으나 차차 성장함에 따라 기고 앉고 일어서서 다니게 되니, 이는 그 부모의 모든 것을 모방하는 것입니다. 이와 같이 중생하지 않은 사람은 좋은 마음이 약간 있어도 진보하지 않고 있던 것도 그 마음에 사라져 버립니다. 그러나 중생한 사람은 하나님을 사모하고 그의 성품을 모방하여 좋은 마음이 일어나는 대로 그 마음을 진보시켜 향상하고 진취하는 것입니다. 또 중생한 사람은 자기 속에 있는 악과 싸워 선으로써 악을 이기는 것입니다.

4. 성신의 충만입니다. 이것을 다섯 가지로 나눠 말하려 합니다.

첫째, 이길 수 없는 열심입니다. 예레미야가 자기 속에 있는 불을 이길 수 없어서 여러 가지 곤란이 있음에도 불구하고, 나가서 뭇사람들에게 외쳤습니다. 베드로도 불을 이길 수 없어서 담대히 나아가서 하루에 3,000명씩 믿게 하였으며, 바울도 이 불을 이기지 못하여 나아가서 믿지 않는 도시를 향하여 모든 난관을 돌파하고 그리스도의 복음을 전파한 것입니다.

성신만 충만하면 누구나 다 담대히 그리스도를 전할 수 있습니다. 어떤 이는 믿지 않는 남편을 위하여, 또는 형제를 위하여 눈물을 흘리며 간절히 주님의 복음을 전파하여 나중에 그들이 회개하고 교회에 나아와 직분까지 받고 열심히 주를 믿는 경우를 보았습니다. 그런즉, 이것이 다 성신 충만의 결과입니다.

둘째, 이길 수 없는 사랑입니다. 예수님께서 많은 병자를 고쳐 주시고, 주린 사람을 먹여 주시고, 죄악에 빠진 사람들을 일일이 돌보시고 건져 주셨습니다. 그는 나중에 우리 인간의 죄를 속하시려고 그 고귀한 몸을 대신 희생하셨습니다. 이것은 다 하나님의 사랑을 이기지 못하여 한 것입니다. 목포의 어느 의료선교사는 환자가 병원에 올 때 그 아픈 것을 동정하여 눈물을 흘리며 환자를 위하여 자기의 잘 시간과 먹을 시간을 생각지 않고 고쳐 주었습니다. 또 문둥병자를 만날 때는 불쌍한 마음을 이기지 못하여 그를 자기의 탔던 말에 태우고 가서 여러 가지 음식을 갖다가 도와주었습니다. 이같이 수많은 문둥병자를 볼 때마다 데리고 옴으로 나중에는 수용소에 문제가 되어 자신은 춥고 굶주리는 지경까지 이르게 되었습니다. 이를 본 선교회는 결국 문둥병자를 위한 병원을 세우고야 말았습니다. 이와 같은 일이 다 이길 수 없는 사랑에서 나온 마음입니다.

셋째, 넘치는 진리입니다. 바울이 옥중에 있을 때 항상 진리가 마음속에 넘침으로 "믿음으로 의를 이룬다"(로마서 5:1)는 뜻으로 로마서를 기록하였고, "예수는 교회의 머리가 되시고, 교회는 그의 몸이 된다"(에베소서 1:22-23)는 뜻으로 에베소서를 썼습니다. 그가 기록한 여러 서간을 보면 진리가 그 마음속에 넘침을 확실히 볼 수 있습니다.

요한복음 7장 38절에 "그 배에서 생수의 강이 흘러나리라" 하신 말씀은 곧 그에게서 진리가 넘침을 가리키는 것입니다. 남을 가르치는 이나 배우는 이가 그 속에 진리가 넘치면 한층 더 유익한 것이니 마치 유모의 젖이 풍족하고 풍족하지 못함에 따라 어린아이가 잘 자라고 못 자라는 것과 같습니다.

넷째, 기쁨이 넘칩니다. 시편에 수록된 다윗의 아름다운 시나 솔로몬의 시는 성신을 받아서 그 마음속에 넘치는 기쁨을 이기지 못하여 북받쳐 나온 기쁨의 찬송일 것입니다. 지금 우리가 교회에서 부르는 찬송도 마음속에 성신을 받은 기쁨을 이기지 못하여 부르는 것이라면, 얼마나 감사와 존귀와 영광을 돌리는 찬송이 될까요?

다섯째, 말할 수 없는 능력입니다. 이것은 자기의 지혜와 재주가 아니고, 그 심중에서 뜻밖에 솟아나는 능력을 가리킵니다. 베드로가 한번 말하매 3,000명이나 되는 회중이 통회하고 깨닫는 것과 같은 것입니다. 지금도 교회 안에서 성신의 능력으로 말하게 되면 뭇사람이 눈물을 흘리며 죄를 통회하고 자복하는 것을 볼 수 있습니다.

옛날 예언자 중에도 이러한 능력이 혹은 있었고, 혹은 없었습니다. 노아는 하나님을 잘 공경하였으나 이적을 행하는 능력은 없었고, 아브라함이나 요셉도 잘 믿었으나 이 능력은 없었습니다. 신약시대에도 요한은 없었으나 베드로와 바울은 있었으니 이적 기사는 성신의 허락을 따라 받은 것입니다. 이와 같은 것이 다 말할 수 없는 능력입니다.

그러므로 바라건대 우리 믿는 신자여, 우리가 정성으로 하나님을 섬기어 참 기도와 성경 연구하는 지경에 들어가 하나님을 참 순종함으로써 허락하신 성신을 받아 이 위에 말한바 모든 복을 받게 되기를 간절히 바라는 바입니다.

희년기념설교집. 1940.

2장

기도와 순종

기도

누가복음 11장 5-13절

> 내가 또 너희에게 이르노니 구하라 그러면 너희에게 주실 것이요
> 찾으라 그러면 찾아낼 것이요 문을 두드리라 그러면 너희에게 열릴 것이니
> 구하는 이마다 받을 것이요 찾는 이는 찾아낼 것이요
> 두드리는 이에게는 열릴 것이니라(누가복음 11:9-10)

우리가 공경하는 하나님은 하늘과 땅과 사람을 만드시고 비 오는 것과 해 뜨는 것 등의 세상 만물을 주장하시는 하나님이십니다. 그 하나님께서 "구하라 그리하면 너희에게 주실 것이요"(마태복음 7:7)라고 하셨습니다. 무엇이든지 구하고 조르면 주신다고 하셨습니다. 성신을 달라면 성신을 주고, 비를 달라면 비를 주고, 무엇이든지 달라면 주신다고 하셨습니다. 이 말씀은 얼마나 기쁜 허락입니까?

우리가 이 세상을 살아가는 데 있어 여러 가지 어려운 일이 많은 이때, 구하는 이에게 구하는 대로 주신다는 그 말씀은 참 은혜중의 큰 은혜입니다. 아들이 떡을 달라는데 돌을 줄 아비가 어디 있겠습니까(마태복음 7:9)? 하물며 하나님께서 주마 하시면, 안 주시겠습니까? 오늘은 이 '기도'에 대해서 말씀드리고자 합니다.

하나님께서 인생의 형편을 다 아시는데 어찌하여 기도해야만 주시겠다고 하십니까?

첫째는 믿는 자가 정말 믿나, 아니 믿나 시험해 보려고 하시는 것입니다. 정말 믿는 자는 기도합니다. 아니 믿는 자는 기도하지 않습니다. 그런데 믿는 이에게나 안 믿는 이에게나 다 주시는 것이 있습니다. 태양이나 공기나 비는 구하지 않아도 다 주십니다. 그러나 믿는 이에게는 가장 요긴한 것을 주려고 하시는 것입니다.

믿지 않는 사람들은 기도하는 것을 아주 어리석게 봅니다. 아무도 없는 데서 혼자 중얼중얼하면서 어떤 때는 울면서 기도하는 것을 보고 웃습니다. 방송국에 가서 방송할 때 아무도 없는 데서 연설하는데 누가 듣는지 안 듣는지 알 수 없어서 말하기 싱겁습니다. 그러나 믿는 사람은 꼭 주실 줄 믿고 기도합니다.

왜 기도하라고 하셨습니까?

하나님을 볼 수도 없고 만질 수도 없고 하나님의 음성을 들을 수도 없는데, 무엇 보고 하나님을 알고 달라며 기도합니까? 안 믿는 이가 보기에는 우습습니다. 그러나 하나님은 이 세상 만물을 보거나, 아니면 우리 마음에 있는 맑은 양심을 통해서 알 수 있습니다. 성경에서 "기도하는 것은 자기를 더 밝히 깨닫게 하려고 하는 것"이라고 했습니다. 기도한 후에 응답이 있을 때, 하나님이 계신 것이 분명해집니다. 우리는 티끌과 같이 작지만, 하나님이 허락하신 것을 생각할 때, 즐겁고 위로되고 친한 증거가 됩니다. 그래서 기도하라 하셨습니다.

기도를 왜 하라고 하셨습니까?

기도는 우리가 의지하는 기관입니다. 우리는 너무 답답할 때 어떻게 합니까? 옛적 사람들은 어려운 일을 당할 때 하나님께 기도했습니다. 모든 것을 고했습니다. 그럴 때 하나님께서는 그 어려운 일을 다 헤쳐서 시원케 하셨습니다. 모세가 당한 어려운 일 중에 제일 어려운 일은 홍해가 가로막힌 일입니다. 모든 사람은 모세를 원망했습니다. "살 길을 열어 주시옵소서!"라고 기도하고는 그날 밤 모세가 잤던가요? 모세는 그날 밤에 자지도 못하고 기도했습니다. 그러자 염려 중에 바닷물을 헤치고 신작로가 환하게 열렸습니다. 200만 명의 생명과 육축을 살렸습니다(출애굽기 14장). 많은 병정은 뒤따라오고 홍해는 가로막혀 있어 그 자신이 녹는 것만 같으나, 그 염려는 변하여 살게 되었던 것입니다.

이뿐 아니라, 성경의 하만이 모르드개의 족속을 아주 함몰하려고 할 때 어찌나 두렵고 떨리던지. 하만이 "방자한 그 놈! 이스라엘 족속 모두를 멸족시켜야지!" 하고 임금의 도장을 얻어 다 멸망시키려 할 때(에스더 3장), 이와 같이 위태한 일이 어디 있겠습니까? 이때 에스더 왕후는 왕후의 지위를 가지고 그 육체의 귀한 몸을 돌보지 않고, 자기 족속을 위해서 3일 동안 금식기도 했습니다. 굶는 것이 얼마나 어렵습니까! 온 백성이 금식기도 하고, 짐승까지 굶기면서 기도했습니다. "우리가 멸망하여야 옳습니까? 생명을 구해 주옵소서!" 하고 계속 기도했습니다.

3일 후에 에스더 왕후는 임금님을 뵙고, 그런 말을 먼저 하지 아니하고, 좋은 음식으로 대접 잘한 뒤 "제 생명을 아끼실진대 이스라엘 백성을 멸족시키는 명령을 거두어 주소서"라고 말했습니다. 임금님은 그 말을 듣고 모르드개를 달아 죽이려던 나무에 하만을 달아 죽였습니다. 화가 변하여 즐거움이 되었습니다. 이 위험을 면한 것은 에스더가 정성으로 기도했기 때문입니다.

성경을 보면 어려운 일을 당할 때 여러 번, 몇백 번, 몇천 번 기도함으로 이겼습니다. 그러므로 기도는 신자가 하나님으로부터 위로를 받는 기관입니다. 딱하고 안타까운 형편을 털어놓고 말하는, 서로 마음을 주고받는 기관입니다. 하나님과 교제하는 기관입니다. 하나님과 교제가 끊어지면 죽은 사람입니다. 이 전등이 전깃줄과 교제가 끊어지면 캄캄해집니다. 기도는 하나님을 의지하는 기관입니다.

누구든지 기도하는 중에 성공합니다. 옛날 솔로몬이 임금 되었을 때, 어린 소년으로 임금이 되었습니다. 그때는 지금과 다릅니다. 그때는 임금이 되면 곧 재판장 같은 대법원장도 되어야 합니다. 철모르는 소년이 왕으로서 양을 잡아 제사를 드릴 때 엎드려 간곡하게 기도합니다. 무릎을 꿇고 간곡하게 기도하고 잤습니다. 하나님께서 나타나서 "네가 무엇을 구하느냐?" 했습니다. "네! 제가 이 백성을 다스리는데, 어린아이로 임금이 되어 지혜가 필요합니다" 했습니다. 하나님께서는 지혜뿐만 아니라, 그의 영화까지도 주겠다고 하셨습니다. 솔로몬은 하나님께서 자기 기도를 들어주심을 기뻐하며 찬송했습니다.

솔로몬 임금이 왕으로 재판 자리에 앉았을 때(열왕기상 3:16-28),

어떤 두 여인이 죽은 아이 하나, 산 아이 하나를 안고 와서 산 아이는 다 자기 아이라 하고, 죽은 아이는 서로 저 사람의 아이라고 하였습니다. 임금은 산 아이를 가지고 한 여인에게 물었습니다. "이 아이를 네가 낳았느냐?" "네!" 다른 여인에게도 물었습니다. "이 아이를 네가 낳았느냐?" "네!" 그러자 솔로몬은 칼을 가져오라고 해서, 그 산 아이를 베어 나눠 가지라고 했습니다. 한 여자는 "아니요. 그 아이를 저 여자에게 주시오" 하였고, 한 여자는 가만히 있었습니다. 임금은 "이 아이는 이 여자의 아들이다. 저 여자는 잡아 붙들어 매라" 했습니다. 그러자 그 여자는 자복했습니다. 솔로몬 왕은 얼마나 큰 지혜를 받았는지 모르겠습니다. 오늘날에 그만한 지혜 있는 이가 없습니다. 오늘날 그때 그 솔로몬 왕이 지은 성전을 다시는 못 세웠습니다.

제 이야기를 해서 미안합니다만, 한마디 합시다. 제가 신천信川에서 전도인으로 있을 때, 장날마다 전도했습니다. 사람 모인 곳에 가서 노방전도를 하는데, 한 사람이 어떻게나 욕을 몹시 하는지, 그 욕 한마디가 쌀 한 알씩 된다면 쌀이 몇 섬 될지 모르겠습니다. 어떤 이는 돌멩이로 때려서 갓 꼭대기를 뚫어 놓았습니다. 어느 날은 어떤 키 큰 사람이 물바가지를 가지고 와서 제게 끼얹었습니다. 어떤 날은 멱살을 잡고 때리는 사람도 있었습니다. 욕만 하고, 열 달 동안이나 전도 해도 한 사람도 안 믿었습니다.

하루는 산에 올라가 세 사람만 믿게 해 달라고 울면서 기도했습니다. 그 이튿날 전도하니까 어떤 총각이 믿겠다고 했습니다. 어찌나 좋은지요. 배우고, 또 가르쳐 주었습니다. 며칠 후에 또 꽁댕이 짧은 총각이 믿겠다 하였습니다. 또 눈가죽이 뒤집힌 여인이 예수 믿겠다고 해서 어찌나 기쁜지요. 누님같이 가르쳐 주었습니다. 또 상투쟁이 네 사람이 믿겠다고, 또 다섯 사람, 열 사람…… 하나님께 세 사람만 달라고 기도했는데, 30명이나 주셨습니다. 그 30명이 300명이 되고, 지금은 800명 모이는 큰 교회가 되었습니다. 거기서 목사가 열한 사람이 생겼습니다. 얼마나 놀라운 일입니까? 기도하는 것이 얼마나 귀한지요. 제가 기도해서 얻은 이야기는 퍽 많습니다만, 다 이야기할 수 없습니다.

그러면 그 기도하는 법, 즉 어떻게 기도할 것인가에 대하여 생각해 봅시다. 기도하는 법에는 몇 가지가 있습니다.

첫째는 공기도입니다.

공석에 서서 대표기도를 하는 것입니다. 대단히 귀한 기도입니다. 여기 어떤 이가 높은 이한테 대표로 보내지는 것과 같이, 대표기도는 가장 귀합니다. 목소리도 작은 소리, 중간

소리, 큰 소리가 있습니다. 대표기도는 그 모인 청중을 보아서 목소리도 맞추어야 합니다. 사람이 많은데 너무 낮은 목소리로 해도 큰 실례이고, 사람이 적게 모인 데서 너무 큰 목소리로 해도 실례입니다.

임금님 앞에 가서 큰 목소리로 "주겠소, 안 주겠소?" 하면 되겠습니까? 자기에게 필요한 무엇을 달라는 사사로운 짓은 하지 말고, 여러 공중公衆관계를 생각해서 세 가지고, 네 가지고, 다섯 가지고 간절히 기도할 것입니다. 설교하기 전에는 설교를 위해서, 부흥회 때는 모든 심령이 부흥되게 해 달라고, 믿지 않는 이를 위해서 똑똑히 알아들을 수 있게 기도해야 합니다.

어떤 이는 이 공기도를 어찌나 길게 하는지, 한번은 천지만물 창조한 이야기로부터 묵시록의 신천지까지 한 시간이나 늘어 놓았습니다. 다 하고 보니, 교인들은 다 가고 없습니다. 목사만 남았습니다. "다 어디 갔습니까?" 하니 "아까 아브라함 때 갔소" 했습니다. 정신없는 기도입니다. 어떤 이는 기도를 너무 길게 하니까 "에라, 잠이나 자자!" 하고, 그냥 엎드려 자고 말았습니다. 다 자고 있으니, 설교를 어떻게 합니까? 공기도는 조심해야 합니다.

둘째는 은밀隱密한 기도, 즉 사사로운 기도입니다.

신자라면 다 있어야 하겠습니다. 식사 기도나 자고 깰 때 하는 기도 외에 시간을 정해 두고, 하루 세 번 이상 조용한 곳에 가서 기도하는 것입니다. 그때는 길게, 자기 영혼의 형편과 어제 받은 바 은혜를 가지고, 또 새로 무엇이든지 원하는 것을 기도하는 것입니다. 좋은 마음을 예비치 못하면 은혜받지 못합니다. 성신의 능력을 달라고, 사랑, 인내, 적절히 절제함, 총명함 등 다 구할 수 있습니다. 집안 식구를 위해서, 나라를 위해서, 자신을 위해서 기도합니다. 정오 때도 잠깐 기도하고, 무엇을 위해 간구해야 할 필요를 느끼면 잘 때, 잠이 올 때 말고 정신이 똑똑할 때 오늘 잘못한 것을 자복하며, 그것을 위해 기도하는 것입니다.

이 은밀한 기도를 신자는 아니하려야 아니할 수 없습니다. '나'라고 하는 사람은 언제나 늘 위험합니다. 싸움 잘하는 나요, 거짓말만 하는 나요, 성낼 만한 나요, 시기하기 쉬운 나입니다. 이런 못된 사람을 위해서라도 기도를 아니할 수 없습니다. 능력의 손이 와서 못된 성품을 고쳐 달라고 매일 기도하는 정성을 가져야겠습니다. 하나님을 믿는다는 신자가 주일에도 이러한 기도를 하지 않는 이는 하나님을 멀리하는 것입니다. 신자는 은밀한 기도를 아니할 수 없습니다. 매일 먹는 양식도 어제 실컷 먹었지만, 오늘 또 먹어야 합니다. 잠도 어제 잤지만, 오늘 또 자야 합니다. 그와 같이 기도도 어제 했지만, 오늘 또 해야 합니다. 하루 동안에 무슨 일을 당할는지 모릅니다.

우스운 이야기 하나 하겠습니다. 몇 해 전에 제가 서울에서 동대문 전차 정류장 안전지대에 서서 전차를 기다리는데, 무엇이 머리 뒤를 딱 쳐서 저는 그만 정신을 잃고 쓰러졌습니다. 한참 만에 정신을 차려 보니까, 구경꾼 수십 명이 둘러서 있습니다. 알고 보니 어느 국숫집 머슴이 국수를 잔뜩 메고 자전거를 타고 가다가 제게 넘어졌습니다. 국수 그릇이 다 깨지고, 제 머리를 다쳐 피가 흘렀습니다. 순사가 와서 저와 그 머슴을 파출소로 가자고 해서 갔습니다.

그 머슴은 순사에게 일본말로 자꾸 무엇이라고 말했습니다. 그러자 순사는 저보고 "이 사람이 불쌍하니, 치료비를 절반만 받으라" 했습니다. 저는 "그 절반도 받을 것 없다" 하니까, 순사는 그 사람에게 "이 사람이 이렇게 좋은 말을 하는데, 너는 이 사람을 자꾸 헐뜯어 말했으니 너는 나쁜 사람이다" 하며, 그를 보고 제게 절하라고 했습니다. 그때 제가 그 사람의 자전거에 치이지 않고, 자동차에 치었다면 당장 죽었을 것입니다. 그 후부터 집에서 나갈 때는, 나가다가도 문을 붙잡고, "오늘 자전거에 치이지 않게 해 주십시오" 하고 기도합니다.

가령 싸움하기 쉬운 성품을 가진 부부간이나 친한 친구 간에도 한 마디만 참아 주면 싸우지 아니할 것을, 조그만 일 가지고 싸우지 않습니까? 사람은 실수하기 쉬운 것입니다. 불이 나서 하루 동안에 "불이야! 다 붙었다. 다 없어졌다!" 합니다. 어떤 이는 음식을 잘 먹고도 "아이고, 아이고, 급하게 체했구나!" 하고, 바느질하다가 넘어지며 픽 하고 죽는 이까지 있습니다. 하루라도 평안히 사는 것이 내 힘, 내 지혜로 사는 것이 아닙니다. 잠시 실수한 것을 10년 동안 고치려 해도 안 됩니다. 명예도 한 푼 동안 떨어진 것을 100년 동안 회복하려 해도 못 합니다. 하나님께 구할 수밖에 없습니다.

다음에는 제목 기도가 있습니다.

한 가지를 가지고 이뤄지도록 기도하는 것입니다. 이 제목 기도를 위해서는 금식도 하고, 잠도 못 자며, 간절히 기도하는 것입니다.

제 이야기를 해서 미안합니다만, 용서하시고 들어 주시기 바랍니다. 한번은 평양에서 장로 한 분이 와서 "평양 숭덕학교에 4만 원을 연보해달라고 부탁하기 위해 자네를 찾아 왔네" 하였습니다. 저는 "이 일은 나 혼자는 못 하겠습니다" 하고, 하나님께 15일 동안 작정하고 기도했습니다. 4만 원 달라고 기도했습니다. 평양 가서 3일 만에 장대현 예배당 연합 예배에서 연보했는데, 1만 5,000원밖에 안 나왔습니다. 그때 저는 숭덕학교에 가서 열쇠 좀 달라 하고 들어가서, 문을 잠가 놓고 다섯 시간을 기도했습니다. "오늘 밤에 꼭 4만 원 주십시오, 하나님!" 하고 재종(저녁집회 시작을 알리기 직전에 두 번째로 종이 칠 때)까지 기도했습니다. 그날 밤에 극도로 말씀하게 하시는데, 한 부인이 울면서 "다리(여성이 머리 숱이 많아 보이기 위해 덧넣었던 딴머리)를 바치겠소" 하니까, 수백 명이 다리를 모두 풀어내고 금반지를 뽑아내어 그날 밤에 8만 원이 나왔습니다. 오늘날 숭인상업학교가 그때 된 것입니다.

한 가지를 위해서 몇 날 동안 목마르게 기도하면 능력이 나타납니다. 이것이 이적을 나타내는 기도입니다. 모세는 한 가지를 위해서 40일 동안 기도했습니다. 예수님도 한 가지를 위해서 기도한 것같이, 우리도 한 가지를 위해서 기도해야 합니다.

이렇게 간절히 기도해도 이루어지지 않는 것은 첫째 되는 대로 기도하고, 둘째 정신없이 기도하기 때문입니다. 기도 다 하고 나서 무엇을 기도했는지 자기도 모르는 기도는 아이의 잠꼬대 같은 기도입니다. 아이가 잠꼬대로 "아버지, 나 과자!" 하는데, 누가 과자를 줍니까? 깨어서 기도해야 합니다.

또 기도해도 얻지 못하는 것은 의심하면서 기도하기 때문입니다. 마가복음 11장 23절을 보면 "내가 진실로 너희에게 이르노니 누구든지 이 산더러 들리어 바다에 던져지라 하며 그 말하는 것이 이루어질 줄 믿고 마음에 의심하지 아니하면 그대로 되리라" 하셨습니다. 야고보서 1장 5절에서 8절까지 보면 다음과 같이 말씀하셨습니다.

"너희 중에 누구든지 지혜가 부족하거든 모든 사람에게 후히 주시고 꾸짖지 아니하시는 하나님께 구하라 그리하면 주시리라 오직 믿음으로 구하고 조금도 의심하지 말라 의심하는 자는 마치 바람에 밀려 요동하는 바다 물결 같으니 이런 사람은 무엇이든지 주께 얻기를 생각하지 말라 두 마음을 품어 모든 일에 정함이 없는 자로다"

몇 해 전에 남한에서 가뭄으로 인한 재앙이 생겼을 때, 서울에서 교역자들이 합심해서 기도한 일이 있습니다. 새벽 네시에 남산에 모여 기도하기로 하고, 돌아가면서 인도하고 합심으로 기도했습니다. 넷째 날은 제가 기도할 차례였습니다. 제가 기도할 때 "비를 주십시오. 비를 주지 않으시면 어떻게 살겠습니까?" 하고 간절히 기도했습니다. 그런데 기도하면서도 '아무래도 가물기는 가물겠다' 생각했습니다. 그래도 또 기도하고, 또 기도하면서 "오늘은 꼭 주셔야 하겠습니다"고 했습니다. 이때 관리들도 기도하는 것을 알고, "흥! 목사가 기도

한다고 비가 올까!" 하고 비방했습니다. 안 갈 수도 없어서 저녁을 거르고서 밤새도록 기도했습니다. 기도하고 나니까 한 주일 만에 비가 많이 왔습니다.

기도할 때 의심하는 마음이 어디서 왔느냐 하면 내 주장, 내 지혜만 믿기 때문입니다. 하나님의 말씀을 믿지 않고, 내 지혜를 믿기 때문입니다.

어떤 누님이 자기 아이가 앓아 간절히 기도했습니다. 저도 같이 가서 간절히 기도했습니다. 그런데 기도하고 나서 그 누님은 "아무래도 죽겠어요!" 합니다. "왜 그런 말씀을 합니까?" 하고, 또 기도하고 또 기도하고 기도하고 나서는 "아무래도 코가 기울어집니다" 합니다. 이는 사람이 기운이 없어 죽어간다는 말입니다. 얼마 후에 그 아이는 다 나았습니다. 그 후에 저는 "아직도 코가 기울어졌소?" 하니까 잘못했다고 하였습니다.

몇 해 전에 남한의 어느 예배당에서 부흥회를 하게 됐는데, 예배당이 좁아 마당에 자리를 깔고 했습니다. 600-700명의 사람이 모여 예배를 시작할 때 비가 떨어집니다.

"지금 이곳에서 비를 기다립니까?"

"아니요, 비 많이 왔습니다." 그래서 비 아니 오게 해 달라고 기도했습니다. 그런데 기도하고 나자 그곳 영수[1]님이 "자리를 개시요" 했습니다. 그 영수는 비가 올 것으로 생각한 것입니다.

한편 어떤 동리에서 가뭄으로 인한 재앙이 심해서 비 오게 해 달라고 산에 가서 기도하는데, 어떤 처녀는 비옷을 입고 올라갔습니다. "너, 비옷은 왜 입고 가니?" 하니까 "여러분은 무엇 하러 가세요? 비 오게 해 달라고 기도하러 가는데 비가 올 터이니까 비옷을 입고 갑니다" 했습니다.

영국의 조지 뮬러George Müller[2]라는 고아원 원장이 배를 타고 가는데 하늘을 찌를 듯이 우뚝 솟아 있는 바위 같은 구름이 있어 배가 앞으로 나가지 못했습니다. 이때 조지 뮬러는 "내가 하나님을 위하여 가는데 이래서야 할 수 있나!" 하고, 배 밑창에 가서 기도하고 나서 나가 보지도 않고 "이제는 다 걷어치웠다" 했습니다. 이처럼 의심 없이 기도하면 이뤄집니다.

또 기도해도 이뤄지지 않는 것은 죄가 있기 때문입니다. 이사야 1장 15절에 "너희가 손을 펼 때에 내가 내 눈을 너희에게서 가리고 너희가 많이 기도할지라도 내가 듣지 아니하리니 이는 너희의 손에 피가 가득함이라" 하셨습니다. 어떤

---

[1] 장로교에서 조직이 아직 갖춰지지 않은 교회를 인도하는 지도자를 의미한다.
[2] 1805-1898. 기독교복음주의자이자 영국 Bristol Ashley Down 고아원 원장. 일생 동안 만여 명의 고아들을 돌보고 117개의 학교를 설립하여 기독교교육에 이바지했다.

사람이 남의 시계를 훔쳐 넣고 기도하는데, 그 시계가 자꾸 떠오르며 '그 시계를 돌려보내라' 합니다. 그런데도 그 사람은 '그것은 암만해도 내놓을 수 없습니다' 하고 기도합니다. 그 기도는 이뤄질 수 없습니다. 그의 손에 피가 있기 때문입니다. 죄가 생각나면 자복해야 합니다. "너희 가운데 죄를 찾아라." 먼저 그 죄를 찾아 자복하고 기도해야 합니다.

또 이사야 59장 1-2절에 "여호와의 손이 짧아 구원하지 못하심도 아니요 귀가 둔하여 듣지 못하심도 아니라 오직 너희 죄악이 너희와 너희 하나님 사이를 갈라 놓았고 너희 죄가 그의 얼굴을 가리어서 너희에게서 듣지 않으시게 함이니라" 하셨습니다. 죄가 가려 기도가 상달되지 못하는 것입니다. 그러므로 기도할 때, 죄가 있는지 살펴봐야겠습니다.

또 기도해도 이뤄지지 않는 것은 욕심으로 기도하기 때문입니다. 야고보서 4장 3절에 "구하여도 받지 못함은 정욕으로 쓰려고 잘못 구하기 때문이라" 하셨습니다. 우리가 구해도 얻지 못하는 것은 분명히 욕심으로 잘못 쓰려고 구하기 때문입니다. 우리가 성신을 충만히 받으려고 기도할 때도 나쁜 마음을 없이 하고, 사랑하는 마음이 생기게 하고, 음욕을 없이 하고, 성결하게 하고, 정직하게 하고, 악독한 마음을 없이 하고, 화평한 마음이 생기게 하려고 기도하는 것은 합당한 기도입니다.

성신 받음으로 해를 받습니다. 요한은 성신 받아 죽었습니다. 또 스데반은 성신 받음으로 돌에 맞아 죽었습니다. 베드로는 성신 받음으로 십자가에 거꾸로 달려 죽었습니다. 사도 바울도 성신 받음으로 매를 맞고 고생했습니다. 존 버니언John Bunyan[3]은 성신을 받음으로 감옥에서 12년 동안이나 죄 없는 감옥살이를 했습니다. 감옥에서 《천로역정》을 썼습니다.

그런데 이 성신을 어떤 이는 병 고치게 해 달라고, 영광을 받기 위해서 성신 달라고 욕심으로 기도합니다. 그렇게 기도하는 사람은 정신병이 들리고 맙니다. 그래서 아무개는 기도하다 미쳤다 하게 됩니다. 성신을 받아 무엇을 하든지, 지혜를 많이 나타내든지, 사랑을 나타내든지, 전도하다 맞든지, 자기 명예를 위해서 또는 자기 영광을 나타내려고 기도할 것이 아니라 다른 이를 위해서 구해야 합니다.

마지막으로, 기도는 쉬운 것이 아닙니다. 쉽지 않고 어려우므로 기도를 아니합니다. 기도 중에 어려운 기도는 금식기도입니다. 밥 굶으면, 배가 안 고플 수 없습니다. 어떤 이는 "배가 안 고파야 굶지" 합니다. 그것은 밥 생각을 잊는 것이요, 금식은 배고픈 것입니다. 저도 금식기도를 해 보았습니

---

3 1628-1688. 영국의 청교도 설교자이며 작가. 기독교의 고전《천로역정》을 남겼다.

다. 한번은 7일 동안 금식기도를 해 보았습니다. 3일을 지내니까 기운은 한 푼어치도 없지만 배고픈 줄은 모르겠습디다. 그러나 가르치는 데는 오히려 힘이 났습니다. 뱃속에 나쁜 버러지는 다 굶어 죽었습니다. 굶으면서 기도하는 것은 참 어렵습니다. 그러나 기도해서 응답을 얻으면 굶어도 좋습니다.

몇 해 전에 경북 영주에서 열한 살 난 여자아이가 발이 뒤집혔는데, 기도해서 바로 나았습니다. 발이 뒤집혔기 때문에 발잔등이 소가죽같이 딱딱하게 되었었는데, 그 부분이 제대로 위로 올라와 고침을 받았다는 표가 되었습니다.

예배당은 기도하는 집입니다. 이 집은 어느 때이고 와서 기도하는 곳입니다. 이 집을 기도하는 사람으로 채워야 합니다. 그런데 어떤 예배당은 열쇠를 잠가 놓았습니다. "왜 잠가 놓았느냐?" 하니까, "개가 들어 와서 잠가 놓았다" 합니다. 기도 안 하는 것은 죄입니다. 예수님께서 다른 계명은 한 번만 "해라" 하셨습니다. 그러나 기도하라는 말씀은 여러 번 하셨습니다. 요한복음 16-17장에 주님께서 기도에 대해서 여러 번 부탁하셨습니다. 이 명령, 이 부탁을 어기니 약해지고 맙니다. 예수님께서는 잡혀갈 때까지 기도하면서 "시험에 들지 않게 깨어 기도하라"(마태복음 26:41) 하셨습니다.

주님께서는 우리가 못할 것은 하라고 하시지 않습니다. 우리는 힘써 기도해서 전에 있던 그 사람 그대로 있지 말고, 변하여 새사람이 되어야겠습니다. 힘써 기도하는 중에 하나님 앞에 모든 것을 풍성하게 받아서 하나님께 많은 영광 돌리시기를 바랍니다.

근신

사도행전 20장 27-35절

> 여러분은 자기를 위하여 또는 온 양 떼를 위하여 삼가라
> 성령이 그들 가운데 여러분을 감독자로 삼고
> 하나님이 자기 피로 사신 교회를 보살피게 하셨느니라(사도행전 20:28)

날이 선 칼이 무서운 것이 아니라, 총이 무서운 것이 아니라 '나'라는 사람이 무서운 것입니다. 우리는 나를 조심해야 합니다. '나'라는 것 가운데는 속사람과 겉사람이 있습니다. 우리는 속사람을 조심해야 합니다.

자, 생각해 봅시다. '내 속사람이 남에게 해를 끼치기 쉬운가, 유익을 끼치기 쉬운가?' 우리 속사람은 처음에는 거룩하게 지어졌으나, 죄를 지은 후에는 위험하기 짝이 없는 사람이 되었습니다. 성경에 "만물보다 거짓되고 심히 부패한 것은 마음이라"(예레미야 17:9) 한 것은 과연 합당한 말입니다.

사람은 첫째, 교만하기 쉽습니다. 돈이 많거나 지식이 많거나 권세가 있으면 교만해지기 쉽습니다. 그러므로 교만을 조심해야 합니다. 그다음에는 미워하는 마음이 일어나기 쉽습니다. 사랑하는 것은 오래오래 알아보고 지나 보고야 사랑하게 되지만, 미워하는 마음은 잠깐에 일어나기 쉽습니다. 그다음에 사람은 시기하기 쉽습니다. 다른 사람이 나보다 좀 나으면 찬성하고 받들어 섬기기는 어렵지만, 시기하기는 쉽습니다. 그러므로 교만한 마음, 미워하는 마음, 시기하는 마음을 조심해야겠습니다.

성경말씀에도 "입으로 들어가는 것이 사람을 더럽게 하는 것이 아니라 입에서 나오는 그것이 사람을 더럽게 하는 것이니라"(마태복음 15:11) 하였습니다. 자기를 조심하지 못하고 되는대로 하는 사람은 대단히 위태하고 소망 없는 사람입니다. 나도 구원하고 남도 구원하려면, 속사람을 조심해야 할 것입니다.

사람은 겉사람을 조심해야 하겠습니다. 옛날 다윗 왕은 눈을 잘못 굴리다가 큰 죄를 지었습니다. 그러므로 눈을 조심해야 하겠습니다. 귀도 조심해야 하겠습니다. 귀가 유익한 것이나, 잘못 들으면 크게 위태합니다. 함부로 듣고 듣는 대로 전하면, 또한 위태합니다. 세상이 다 떠들어도 안 들을 것은 안 듣고, 세상이 다 안 들어도 들을 것은 들어야 할 것입니다.

그다음에는 발을 조심해야 하겠습니다. 제가 일전에 어떤 초상집에 갔다가 밤중 세 시쯤 돌아오는데 인력거와 자동차를 몰고 가는 모습이라든지, 비틀거리고 가는 신사와 학생의 모양을 가만히 보니 꼭 '이것이 소돔과 고모라가 아닌가?' 하는 생각이 들었습니다. 오늘날 흔히 학생들의 발이 스스로 망치는 길로 가는 것은 기가 막히는 일입니다.

또 입을 조심해야 합니다. 성경말씀에 "모든 것을 제어하나, 입은 제어하기 어렵다"(야고보서 3:1-10) 하였습니다. 마귀가 말한 대로 "너희가 결코 죽지 아니하리라 너희가 그것을 먹는 날에는 너희 눈이 밝아져 하나님과 같이 되어 선악을 알 줄 하나님이 아심이니라"(창세기 3:4-5)는 한마디가 태평 복락의 세상을 변하게 하여 질병, 환난, 사망의 세상으로 만들어 놓았습니다. 우리는 우리 말 한마디로 여러 사람을 거리끼게 하지는 않는지 지극히 조심해야 하겠습니다. 사람의 독한 혀는 칼을 가진 미친 사람보다 더 위태합니다.

다음에 우리는 뭇사람을 조심해야 하겠습니다.

첫째, 동무를 조심해야 하겠습니다. 사람은 끼리끼리 모이고 사귀는 것인데, 악한 동무를 사귀면 크게 위태합니다. 잘 믿는 청년이 악한 친구를 사귀어서 산책을 다니다가, 유행가 소리를 배우고 담배를 배우고 기생집에 출입하여 술을 배워서 그만 타락하는 일이 얼마나 많습니까? 처음에야 "그럴 수가 있느냐?"고 거절을 하지요. 그러나 악한 친구가 여러 번 꾀고 강권하면 그만 따라가게 됩니다. 그러다가 한 번 들킨 다음에는 "이왕 다 알았으니 되는대로 하자" 하고 그다음에는 막 나가게 되는 것입니다.

다음에는 거짓 스승을 삼가야 하겠습니다. 영어를 알고 헬라어, 라틴어를 알아 성경에 대한 지식이 많으면서도 "성경은 하나님의 말씀이 아니다"고 부인하는 이가 있습니다. 그런 사람을 조심해야 하겠습니다. 어제 목사요 장로이던 사람이 오늘 술을 먹고 계집질을 하니, 거짓 스승이 아니고 무엇입니까? 우리는 하나님 앞에 선 사람이니 어찌 항상 조심하지 아니할 수 있습니까? 예수 믿는 사람은 혼자 있을 때 조심하고, 밤에 조심해야 합니다.

감옥에 가는 사람, 지옥에 가는 사람은 속사람과 겉사람을 조심하지 못한 까닭입니다. 서양 속담에 "잠깐 잃어버린 명예를 100년이 걸려도 회복하기 어렵다"고 한 말은 과연 옳은 말입니다. 그릇을 깨뜨려 놓은 다음에는 다시 붙이기 어렵습니다. 한 번 실수하여 죄를 범한 다음에는 회복하기 매우 어렵습니다. 10년을 믿고 20년, 30년을 믿다가도 한 번 죄를 지으면 그만 도무지 손을 쓸 수 없게 망가집니다. 사람이 불을 조심하고 도적을 조심할 생각은 하나, '나'를 조심할 생각은 아니합니다. 위험한 것은 바로 내게 있습니다. 깊이 조심해야 하겠습니다.

순종

신명기 28장 1-14절

> 네가 네 하나님 여호와의 말씀을 청종하면
> 이 모든 복이 네게 임하며 네게 이르리니 (신명기 28:2)

"하나님 여호와의 말씀을 삼가 듣고 내가 오늘 네게 명령하는 그의 모든 명령을 지켜 행하면 네 하나님 여호와께서 너를 세계 모든 민족 위에 뛰어나게 하실 것이라"(신명기 28:1) 하는 말씀은 역사로 증명할 수 있습니다. 옛날 야곱의 집에 열두 아들이 있었으나, 그중에 제일 순종하는 아들은 오직 요셉이었습니다. 요셉은 하나님을 순종하는 사람이므로, 또한 부모에게도 효성을 다하였습니다. 그러나 그 형들에게 시기함을 받아서 결국 나중에는 애굽의 친위대장 집의 종이 되었지만 하나님을 섬기는 마음은 절대로 조금도 변치 않고, 오히려 그 주인에게도 진실함을 나타내어서 그 주인이 자기의 모든 일을 요셉에게 전적으로 맡기게 되었습니다.

그뿐 아니라 그 주인의 부인이 온당치 못한 말을 할 때도 요셉은 하나님을 두려워하여 감히 그 부인의 요구를 듣지 못하겠다고 한 까닭으로 급기야 그 여인에게 해를 받았습니다. 남편이 그 여인의 말을 요셉의 의로움보다 더 믿고 요셉을 감옥에 가두었습니다. 그러나 요셉은 그곳에서도 신앙을 지키고 하나님께 더욱 충성하였습니다. 그러므로 하나님께서 그를 들어서 애굽의 총리로 대접하였은즉, 이것이 하나의 증거입니다.

또한 이새의 집에 여러 형제가 있되 가장 하나님을 순종하는 자는 오직 다윗입니다. 다윗은 한갓 목자로서 별로 특별한 것이 없었으나, 하나님이 올리사 유명한 왕이 된 것은 오직 그가 순종했기 때문입니다. 이것 또한 큰 증거입니다.

그뿐 아니라 순종하는 자에게는 나아가든지 들어가든지, 어디 있든지 복을 주마 하셨습니다. 그러므로 아브라함이 어디 처하든지 하나님이 함께하사 복의 기관이 되었습니다. 이것은 순종함으로 받은 복입니다. 또 순종하는 자에게 그 자손까지 복을 주겠다고 하였은즉, 순종함으로써 아브라함은 그 자손이 번성하여 신자의 조상도 되고 유대인의 조상도 되었습니다. 손으로 하는 일까지 복을 주시기로 정하셨은즉, 하나님이 예수님과 동행하사 손으로 뭇 병자를 만져 고치시고 오병이어로 많은 사람을 먹이게 되었습니다.

"네 손으로 하는 모든 일에 복을 주시리니 네가 많은 민족에게 꾸어줄지라도 너는 꾸지 아니할 것이요"(신명기 28:12) 라고 말씀하셨습니다. 현대에도 어떤 나라의 교회에서는 멀리 있는 백성을 위하여 학교를 세워 주기도 하고, 병원을 세워 주기도 하며 선교사를 보내 주는 등 하니, 이것이 모두 순종해서 받는 복입니다. 또 "여호와께서 너를 머리가 되고 꼬리가 되지 않게 하시며 위에만 있고 아래에 있지 않게 하시리니"(신명기 28:13) 하였으니 순종 잘하는 대로 하나님이 들어주시는 것은 말하지 않아도 우리가 잘 알 수 있는 것입니다.

그러면 순종은 어떻게 하는 것입니까? 계명을 지키는 것입니다. 즉 하라는 것은 하고, 하지 말라는 것은 아니하는 것입니다. 어떠한 때는 순종함으로 어려운 자리에 들어갈지라도 순종이 생명보다 더 귀한 것으로 알고 순종하는 것입니다. 가령 노아는 배를 산 위에 지으라고 할지라도 자기의 의견을 내려 놓고 순종하였으며, 아브라함은 자기의 귀한 아들을 드리라 하셨어도 곧 순종함은 자기의 귀한 아들보다도 하나님의 말씀이 더 귀중함을 알기 때문입니다. 다니엘은 기도하라는 명령을 지키기 위하여 사자의 굴에 들어갈지언정 순종하였으며, 다니엘의 세 친구는 둘째 계명을 지키기 위하여 목숨을 풀무불에 던질지언정 그 명령에 순종하였으며, 바울은 이방에 전도하라는 부탁을 받았으므로 그 뜻을 순종하기 위하여 매 맞는 것이나 옥에 갇히는 것이나 죽는 것이나 아무것이라도 도무지 상관없이 순종하였습니다.

이로 보건대 순종이라는 것이 그리 쉽지는 아니합니다. 그러나 한번 순종함으로써 하나님으로부터 받는 복 또한 이 세상에서 무엇이라고 말할 수 없을 만큼 특별합니다. 그와 반대로 순종하지 않는 자에게 내리는 재앙도 또한 적지 않습니다 (신명기 28:15-68).

3장

좁은 문으로 들어가라

그리스도의 종[1]

사람이 마땅히 우리를 그리스도의 일꾼이요 하나님의 비밀을 맡은 자로 여길지어다
그리고 맡은 자들에게 구할 것은 충성이니라 (고린도전서 4:1-2)

우리는 하나님의 일꾼 곧 종들이외다. 세상 사람들은 요새 판임관判任官[2]이나 주임관奏任官[3]이라 하는 관리를 매우 부러워하는 모양이외다. 그러나 우리는 세상 관리가 아니라 곧 천국의 관리이외다. 세상 관리인 판임관이나 주임관을 부러워할 것입니까? 여러분은 곧 하나님이 친히 뽑으신 친임관親任官(임금이 직접 임명한 관리)이외다. 그러므로 여러분의 직분은 매

---

[1] 1922년 12월 냉동(冷洞)신학교에서 신학생에게 한 강설(講說). 냉동은 지금의 서울시 서대문구 냉천동을 가리키며 여기서의 냉동신학교는 현재 감리교신학대학교의 전신인 협성신학교를 말한다.
[2] 일제 강점기에 장관이 마음대로 임명하던 하위 관직.
[3] 원래 조선 시대에 대신이 임금에게 추천하여 임명하던 관직이었는데 갑오개혁(1894) 이후 일본식 관제를 모방하여 개편된 관료제 직계 중 하나.

우 중하고 큽니다.

하나님의 그같이 우수한 은혜를 받았으니 그 신하 된 여러분의 할 일이 무엇이오니까? 곧 충성이외다. 신하가 되어 임금에게 충성을 아니하면 무엇이며, 열녀라고 이름하며 지아비에게 정절이 없으면 무엇이며, 효자라고 하며 부모에게 효성이 없으면 무엇에 쓰겠습니까?

형제들이여, 여러분은 천국 관리가 되었으니 이제 충성을 다하지 못하면 곧 죄인이외다. 그러므로 충성을 다합시다. 우리가 세상 임금에게 충성을 다하여야 한다고 하는데, 하물며 만국의 왕 되신 그 하나님이 친히 임명하신 신하로서 충성을 아니하겠습니까? 이제 충성해야 할 이유를 말하려 합니다.

우리가 충성해야 할 이유는 무엇입니까?
1. 하나님은 곧 우리의 마음을 아시므로 충성해야 합니다.
사람이 사람을 섬김에는 그 마음을 모르니까 겉만 어물어물하여 그 주인이나 임금을 속여도 알지 못하거니와 하나님은 곧 전지전능하시어 사람의 맘속까지 아시니 우리가 감히 어디서 조금인들 속이고 망령되게 행할 수 있습니까?

형제여, 여러분이 하나님을 속이고 무슨 일을 할 수가 있소? 있으면 해 보시오. 여러분의 양심은 곧 자책을 면하지 못하리다. 그러므로 하나님이 보시는 줄 안 요셉은 그 주인에게 충성을 다하지 아니하였습니까? 형제들이여, 여러분은 충성을 다하여 섬기고 하나님을 속이지 마시오. 동양의 어느 성인도 "어두운 곳에서 품은 거짓된 마음도 신은 번개와 같이 밝히 드러내신다"[4] 했습니다. 이는 곧 신은 속이지 못한다는 말이 아니오니까? 그러므로 하나님은 대단히 엄위嚴威하시외다. 불가불 충성하지 아니할 수 없으니 충성을 다하여야 하겠습니다.

2. 하나님은 사랑이 지중하시고 지대하시므로 충성해야 하겠소이다.

하나님의 본질은 곧 사랑이며, 예수의 사업은 곧 사랑의 사업이외다. 그러므로 예수교는 사랑이라는 관념을 중심에 둔 종교이외다. 그런즉 우리 예수교는 이 사랑으로 사회문제나 가정 문제나 인생 문제의 근거를 삼가 해결하려는 것입니다.

형제여, 여러분이 오늘 배우고자 하는 이 신학은 곧 이 사랑에 관한 연구이며, 여러분이 배워서 불신자에게 전하려고 하는 동기도 곧 이 사랑의 동기이며, 여러분이 하고자 하는 이상적 생활도 곧 이 사랑의 생활이라고 생각합니다.

---

[4] 암실기심(暗室欺心)이라도 신광여전(神光如電)이라

그런즉 여러분은 하나님의 사랑을 깨달았습니까? 그의 사랑이 얼마나 광대합니까? 광대함이 우주를 일으키고, 그 중에 복잡한 사회와 수많은 인생을 만드셨습니다. 또 그 중에 하나의 개체로 우리 개개인도 만드셔서 다른 사람과 같지 않고 특별히 택한 백성으로 삼으셨으니 얼마나 감격스러운 일입니까?

그러한 중에 모든 환란과 고통은 밀물과 썰물이 오가듯 하는데, 우리의 부모와 처자도 다 그 고통을 면케 하시는 것이 얼마나 큰 은혜이오니까? 이 감격을 말로 표현할 수 없습니다. 또 간악하고 사특한 세상에서 날마다 죄 중에 싸여 언행에 누추함을 면치 못할 죄인이로되, 하나님의 관대한 사랑은 우리를 용서하시니 감사함을 이로 측량키 어렵습니다. 이에 충성할 일 몇 가지를 말하고자 합니다.

충성할 일이 무엇이오니까?

1. 부탁하신 일에 충성하시오.

형제여, 주께서 무슨 까닭으로 여러 형제를 이곳에 모아 놓으셨습니까? 주께서 마지막으로 베드로에게 "내 양을 먹이라"(요한복음 21:16) 부탁하셨습니다. 오늘 형제들에게도 이 말씀이 임하시므로 이곳에 왔습니다. 천국 백성의 생명을 형제들에게 부탁하셨으니 형제의 짐이 가볍지 않습니다.

형제들이 월급이나 탐하고 명예나 취하려고 함이 아니외다. 그의 양을 먹여야 형제들은 직무를 다하는 날이외다. 양은 많고 적음이 없습니다만, 무리를 탐하지 마시오. 많은 무리 중에 열매가 많으리라고 생각은 하오리다. 그러나 소수라고 버리지 마시오. 예수께서는 두세 사람이 모인 곳에도 계신다(마태복음 18:20) 하셨습니다. 하나님은 양 백 마리 중에 잃었던 한 마리 양도 귀히 사랑하셨습니다.

형제여, 하나님의 백성을 잘 기르시오. 이것은 주의 부탁이외다. 부탁에 아무쪼록 충성을 다하시기를 바랍니다.

2. 계명을 충성되게 지키시오.

예수께서 "천하를 주고 생명을 바꾸겠느냐?" 말씀하셨으니 형제여 생명이 중합니까? 계명이 중합니까? 저는 계명이 중하다고 생각합니다. 왜 그렇습니까? 선악과를 먹지 말라는 계명을 아담과 하와가 범하였으므로 하나님께서 모든 생명을 사망에 버려두셨습니다. 그리고 주는 그 계명을 완전케 하시려고 십자가에서 돌아가셨습니다.

자고로 모든 순교한 선지자들도 그 계명을 지키기 위해 자기들의 생명을 땅에 떨어뜨렸습니다. 형제들이여, 우리가 계명을 지킴에 그 처지와 경우를 따라 하겠습니까? 계명은 처지와 경우를 고려하지 않습니다. 계명을 범하면 큰 사람, 작은 사람을 가리지 않고 범하는 자는 다 사망에 들것이외다. 우리는 사망이 무서워 지키는 것이 아니라 곧 우리에게 지킬 의무가 있기 때문입니다.

계명을 지키는 자에게 영광과 복이 있습니다. 오늘 역경에서 슬피 부르짖는 자는 다 계명을 범한 자이외다. 그러나 아름답게 빛나는 역사를 가지고 자손이 번성하며 사업이 흥하고 성한 국가나 개인은 다 하나님의 계명을 잘 지킴에 있습니다. 다시 말하면 오늘날 문명의 낙오자는 다 계명을 지키지 않는 자요, 문명이 극도에 달하여 세계에 자랑할 만한 자는 다 계명을 잘 지킨 자들이외다.

형제여, 주님의 부탁하신 계명을 우리가 지킬 의무가 있습니다. 지키면 땅에서도 번성하고 장수할 것이외다.

3. 만민에게 복음을 전하라.

형제들을 택함은 무슨 까닭이오니까? 주께서는 마지막으로 부탁하셨습니다. "오직 성령이 너희에게 임하시면 너희가 권능을 받고 예루살렘과 온 유대와 사마리아와 땅 끝까지 이르러 내 증인이 되리라"(사도행전 1:8). 주는 그 명령을 위하여 모아 놓고 우리를 훈련시키셨습니다. 남만 시키지 말고, 먼저 형제들부터 솔선하여 나아가 전도하시오. 우리는 말로만 앉아서 남을 시키기를 좋아하되 먼저 나아가 전도하기를 힘쓰지 않습니다.

형제여, 전도할 때 너무 사람의 인격을 찾지 마시오. 술장사라도 예수의 제자가 될 수 있고 음란한 여인이라도 예수의 제자가 될 수 있습니다. 예수의 제자들을 생각해 보면 베드로와 같은 사람은 배우지 않고 아는 것이 없는 천민이며, 막달라 마리아와 같은 이는 천한 일을 하던 음부가 아닙니까?

형제여, 오늘 조선 교회 목사들을 보시오. 다 술집에서 불러 세우지 않았습니까? 형제들은 누구요? 다 그러한 사람들이 아니오니까? 그러므로 우리는 사람의 인격을 볼 것 없이 아무에게든지 나가서 구원해야 합니다.

오늘 여러 형제를 이곳에 모아 가르치는 것은 분별이 없이 일반을 위하여 희생을 바치라는 것이 아닙니다. 대개 저는 죽음에 대하여는 일반이라고 생각합니다. 병들어 죽으나 총 맞아 죽으나 배고파 죽으나 죽음은 일반이니 우리가 죽음을 무서워할 까닭은 없소이다. 그러므로 주를 위하여 계명을 지키다가 죽으면 이보다 더 큰 영광이 어디 있겠습니까? 그러므로 형제여, 열심히 앞을 보고 위험한 곳이라도 무릅쓰고 나아가시기를 바랍니다.

4. 드리는 물건에 충성을 다하시오.

남을 인도하는 자부터 충성하여야 따라오는 자도 충성할 것은 정한 이치외다. 형제들이여, 예배할 때 충성을 다하여 예배드립니까? 우리가 먼저 예배를 충성되게 드려 무슨 예배든지 항상 규례를 좇아서 습관으로 하지 말고, 온 맘과 정성을 다하여 드릴 것이외다. 전례나 관습성은 아무 의미가 없는 것이니 교역자는 다시 주의할 것이외다.

둘째로 연보함에 충성을 다하여야 하겠소. 성경에 십일조를 바치라 하였는데, 만일 아니 드리면 그는 도적이 아니오? 도적이 어찌 전도하여 신학을 공부하겠습니까? 먼저 형제들부터 충성을 다하여야 할 줄로 생각합니다.

형제들이여, 자고로 충성을 다한 인물을 보시오. 노아는 120년 후에 일어날 사실을 믿고 순종하며 충성을 다하여서 나중에 세상이 다 멸망하되 전 가족을 구원했습니다. 모세는 순종하고 충성을 다함으로 자기 민족 40만을 애굽에서 구원하고 하늘에서 내리는 만나까지 얻어먹었습니다. 엘리야도 순종하고 충성을 다함으로 큰 흉년을 면하여 사르밧 과부의 집에서 배를 불렸으며, 다니엘도 순종하고 충성을 다함으로 해몽하는 능력을 얻어 귀하게 된 것이 아닙니까?

형제여, 충성되게 섬기기를 두려워 마시오. 하나님이 기뻐하시는 사람은 불 가운데서도 구원하시며, 사자 입에서도 구원하십니다. 형제들은 제일 먼저 이 충성하는 것을 배워 하나님이 경영하시는 사업을 성취하시기를 바랍니다.

신앙의 로. 1924.

주일을 거룩히 지키자

> 만일 안식일에 네 발을 금하여 내 성일에 오락을 행하지 아니하고
> 안식일을 일컬어 즐거운 날이라, 여호와의 성일을 존귀한 날이라 하여
> 이를 존귀하게 여기고 네 길로 행하지 아니하며 네 오락을 구하지 아니하며
> 사사로운 말을 하지 아니하면 네가 여호와 안에서 즐거움을 얻을 것이라
> 내가 너를 땅의 높은 곳에 올리고 네 조상 야곱의 기업으로 기르리라
> 여호와의 입의 말씀이니라(이사야 58:13-14)

오늘은 주일에 대해서 생각해 보고자 합니다. 하나님은 어찌하여 주일을 지키라고 하셨습니까? 주일을 지킬 이유가 일곱 가지가 있습니다. 또 지키는 방법은 세 가지가 있습니다. 그리고 지키는 자에게 허락한 복도 세 가지가 있습니다. 우리 믿는 이들이 다른 계명은 잘 지키되, 이 주일에 대한 계명은 쉽게 범하고, 십계명 중에 제일 많이 범합니다. 범하기 쉬운 계명이 이 넷째 계명입니다.

오늘날 교회는 점점 번잡해져, 어떤 교회에서는 주일을 범하는 사람도 집사, 장로, 전도사, 권사로 임명합니다. 어떤 사람은 오전 예배만 드리고 오후에는 일하고, 어떤 이는 예배당에서 돌아가는 길에 성경책을 옆에 끼고서 무엇을 사서 돌아갑니다. 오늘날 조선 교회가 주일을 이렇게 지켜서는 참 큰일입니다.

안식일이 변해서 지금은 주일이 되었습니다. 주일은 주의 날이요 존중히 여기는 날입니다. 먼저 안식일은 구약시대에 지키던 안식일입니다. 이스라엘 백성이 광야에서 지낼 때, 하나님께서는 만나를 내려 주시되 안식일에는 내려 주시지 않았습니다. 안식일은 율법의 안식일입니다.

그러던 것이, 주님께서 십자가에 못 박혀서 주일이 되었습니다. 주일은 왜 기쁜 날이고 거룩한 날이며 존중해야 하는 날입니까? 안식일은 예수님께서 십자가에 못 박혀 무덤에 계시던 날입니다. 반면 주일은 예수께서 다시 사신 날입니다. 은혜의 안식일, 기쁜 날입니다. 이전의 세상, 율법의 세상은 다 없어지고, 새로운 세상, 은혜의 세상이 되었습니다.

주일을 지킬 첫째 이유는, 하나님께서 사람을 지으신 목적은 사람으로 하여금 하나님을 본받게 하기 위해서였습니다. 하나님께서는 천지 만물을 지으시고 하루를 쉬셨습니다. 그러므로 우리도 하나님과 같이 엿새 동안 일하고 하루 쉬어야 겠습니다. 만일 "내가 하나님이다" 하는 것은 정신이 나간 발언입니다. 그러나 "내가 하나님과 같이 되겠다"는 것은 기쁜 일입니다. 아들이 아버지와 같이 잘하겠다는 것은 얼마나 기쁜 일입니까? 우리는 주일을 지키는 것부터 하나님을 본받아야 하겠습니다.

둘째로 안식일 지키게 하는 것은 사업을 잘되게 하려고 하는 것입니다. 하루 쉬면 사업이 잘못될 줄 알지만, 실은 사업이 잘 되고 진보됩니다. 부인 두 사람이 온종일 바느질을 할 때도 낮에 잠깐 쉬는 사람이 더 잘하고, 빨리 합니다. 청년 두 사람이 경주로 높은 산에 올라갈 때도, 잠깐 쉬는 사람이 더 빨리 갑니다. 일 년 동안 하루도 쉬지 않고 그냥 계속 일만 하는 사람은 힘이 약해집니다. 서양에서는 쉬는 방법을 알아서 믿는 사람이나 안 믿는 사람이나 관청과 회사에서 엿새 동안 일하고 하루 쉬어서 다시 원기를 내어 열심히 일하기 때문에 모든 문명이 발달하였습니다. 우리는 밤낮 하루도 쉬지 않기 때문에 바느질도 밤낮 손으로만 하고, 서양 사람은 하루 쉬어 잘 생각해서 기계를 발명해 그 기계로 바느질하지 않습니까! 우리는 매일 일하는데 지쳐서 뒤떨어졌습니다.

셋째로 주일은 하나님의 날로 정했습니다. 이날은 하나님의 날이요 거룩한 날이 되어서, 구약시대에는 일하는 사람은 다 때려죽이라고 하였습니다. 여호와께서 끊어 버리라고 하셨습니다. 올해에 주일을 범한 일이 있습니까? 주일을 범한 일이 있으면 손드시오. 여러 사람이 손을 들었네요. 이 손든 사람은 구약시대 같으면 때려죽일 사람들입니다. 지금은 때려죽이지는 않습니다만, 죄는 죄입니다. 엿새는 내 일을 하고, 하루는 하나님을 섬기라는데 왜 못합니까? 하나님께서 하루만 자기 일하고, 엿새를 하나님의 날로 지키라고 해도 우리는 할 말이 없는데, 한 주일에 하루를 지키라는 것을 왜 못 지킵니까?

넷째로 우리 영혼을 수양시키려고 주일을 지키게 하신 것입니다. 한 주일 동안 더러워지고, 한 주일 동안 육신의 사업을 하면서 우리의 영혼은 텁텁해집니다. 주일을 범하는 사람은 영혼이 자라나지 못합니다. 지금까지 제가 38년 동안 교회를 섬기는 중에 교회에 와서 자꾸 조는 이가 두 사람 있었는데, 그 사람들은 지금 다 예수 아니 믿습니다.

다섯째로 주일을 지키는 백성은 하나님의 택한 백성이 되기 때문입니다. 어떤 사람은 주일에 사무는 보지 않지만 쉬고 놀며 술 마시는 날로 아는 이가 있습니다. 어떤 사람은 장사하는 날로 압니다. 백화점에서는 주일에 많이 팔린다고 주일에 팔고, 월요일에는 문을 닫는다고 합니다. 주일은 주의 날로 지켜야 합니다.

여섯째로 주일 지키는 것은 하늘에 가서 지내는 그림자입니다. 우리같이 믿는 동지들이 한 주일 만에, 한 예배당에, 한 자리에 모이는 것이 얼마나 반가운 일입니까? 안 믿는 이들은 오늘도, 이 주일도 무거운 짐을 지고 애를 쓰고 있지 않습니까? 우리는 서로 반가이 만나서 기쁜 찬미를 하며 지내지 않습니까? 이후에 천당 가서도 하나님을 모시고 기쁜 찬송으로 지낼 것입니다.

일곱째로 복 받기 위해서 지켜야 합니다. 복 주시려고 지키라는데 왜 안 지키겠습니까? 우리가 쉬는데, 쉬는 것만 해도 복인데, 왜 또 복을 주십니까? 우리가 감사해야 할 것인데, 우리가 쉰다고 복을 주시겠다니 감사하지 않습니까? 우리가 아이들에게 "공부 잘해라. 그러면 상 준다"고 하지 않습니까? 자기 공부 자기가 하는데 왜 상을 주어요? 영어를 배워서 부모 모르게 할 이야기는 저희끼리 영어로 말합니다. 그런데 왜 상을 주어요?

제 딸이 풍금 공부를 하라고 하니까 처음에는 잘하더니 얼마 후에는 하기 싫어합니다. 그래서 상을 주겠다고 하니까 잘 공부합디다. 다 배운 후 "지금은 어떠니" 하니까 좋다고 합니다. 자식이 자기 공부하는데도 부모가 상을 주겠다고 하는 것처럼, 하나님께서도 우리가 주일을 잘 지키면 복을 주시겠다고 하셨습니다.

그러면 이 주일을 어떻게 지켜야 할까요? 지키는 방법은 세 가지가 있습니다.

첫째는 거룩하게 지켜야 합니다.

성경말씀에 주일에는 길도 가지 말고, 종도 일을 시키지 말고, 육축까지 일 시키지 말라고 했습니다(출애굽기 20:10). 이 주일은 어젯밤 열두 시부터 오늘 밤 열두 시까지입니다. 이 주일을 거룩하고 흠 없게 지켜야 합니다. 어떤 이는 주일을 지키기는 지키는데 밤낮 집에서만 지킵니다. 늘 집만 봅니다. 그래서는 안 되겠습니다. 다른 식구와 좀 바꾸어서라도 예배당에 가야겠습니다. 집에 있더라도 기도하는 마음으로 예배 드리는 마음으로 지내야 합니다. 어떤 이는 주일에 종일 잠만 자는 이가 있습니다. 또 어떤 이는 자기는 주일을 잘 지키면서도, 아이들과 하인은 일을 시킵니다. 이것은 거룩하게 지켰다고 할 수 없습니다.

둘째로는 귀중한 날로 지켜야 하겠습니다.

어떤 사람은 주일이 자기 형님 생일이라고 생일잔치를 하는 이가 있습니다. 주일에 생일잔치 하고, 주일에 장례를 지내고, 어떤 이는 주일에 결혼식을 합니다. 어떤 이는 주일에 혼례식을 하는데, 축복기도 해 주는 이가 있습니다. 이것 다 합당치 않습니다. 예수님 탄생일도 주일이면 연기해서 지켜야 합니다.

셋째로 주일은 기쁜 날로 지켜야 합니다.

어떤 사람은 이 주일도 걱정하면서 지냅니다. 예배당에 와서도, 기도하면서도, 찬미하면서도 속으로 걱정하면서 예배드리는 이가 있습니다. 그래서는 안 되겠습니다. 그렇게 걱정하면서야 어떻게 기쁜 날로 지키겠습니까? 제가 하루는 아파서 예배당에 못 나가는 것이 어떻게나 섭섭하던지요? 지금, 주일을 기쁘게 지키고 싶어도 못 지키는 이가 얼마나 많습니까? 우리는 기쁜 날로 지켜야 하겠습니다.

그러면 이렇게 잘 지키는 자에게 주시마 하고 허락하신 복이 무엇입니까?

첫째 복은, 땅에서 올리겠다고(위치를 높여 주시겠다고) 하셨습니다.

사람은 유명하게 올려다보는 이가 있고, 천하게 내려다보는 이가 있습니다. 가정도 온 동네에서 올려다보는 가정이 있고, 밤낮 싸움만 해서 동네에서 손가락질하고 욕하고 내려다

보는 가정이 있습니다. 국가도 올려다보는 국가가 있고, 내려다보는 국가가 있습니다.

다윗이 왕위에 올랐을 때 모든 사람이 올려다보지 않았습니까? 야곱의 유업을 업으로 삼는다는 말이 있지 않습니까? 야곱의 업은 아브라함의 업이요, 야곱의 열두 아들이 결국 유대 민족, 한 나라를 이루지 않았습니까! 아브라함의 자손이 하늘의 별과 같고 바닷가의 모래와 같겠다고 하지 않았습니까? 하늘의 별과 같겠다고 하신 것은 오늘날 영적 교회요, 땅의 모래와 같겠다는 것은 오늘날 유대 민족입니다. 유대의 사해死海라는 작은 바다는 물고기도 없는 바다인데, 최근에 이 사해에 약재료와 화학 재료가 2조 4,000억만 원어치가 있다고 합니다.

둘째로, 육신과 영에 복을 주십니다.

셋째로, 신자의 기쁜 복 여덟 가지가 있습니다.

이것은 다음 기회에 "신자의 즐거움"이라는 글에서 말씀드리겠습니다. 제목만 말씀드린다면, 아래와 같습니다.

1) 기도가 응답되는 기쁨
2) 하나님의 말씀을 깨닫는 기쁨
3) 자신의 죄악을 이기는 기쁨

4) 다른 교인을 양육하는 기쁨
5) 환란 가운데서 위로를 체험하는 기쁨
6) 영생의 기쁨
7) 주님과 동행하는 기쁨
8) 만물을 다스리는 데서 오는 기쁨

여러분께서도 이렇게 함으로 이 복이 임하는 형제자매가 되시기를 바랍니다.

일곱 가지의 좁은 문

좁은 문으로 들어가라
멸망으로 인도하는 문은 크고 그 길이 넓어 그리로 들어가는 자가 많고
생명으로 인도하는 문은 좁고 길이 협착하여 찾는 자가 적음이라(마태복음 7:13-14)

광대한 천국으로 들어가는 문은 좁고, 영원한 세계로 통하는 길은 험합니다. 좁은 문은 들어가기는 어려우나 그 종점은 천국이요, 넓은 길은 다니기는 좋으나 그 종점은 지옥입니다.

그러면 좁은 문이란 무슨 문입니까? 신자는 적어도 일곱 가지의 좁은 문을 통과하여야 하니, 이것이 곧 7종의 좁은 문입니다.

입교문入敎門

천국에 들어가려면 맨 먼저 입교문으로 들어가야 하니 입교문은 좁은 문입니다. 모든 제도와 풍습이 유교화된 예전 조선

에서 기독교에 입교하려면 어려운 문제가 한두 가지가 아니었습니다. 조상에게 향을 피워 드리는 제사를 그친다고 일가친척에게는 패역한 사람으로 몰리게 되고, 서양 오랑캐의 종교에 환장하였다고 고향마을 사람들에게는 배척을 받았습니다. 지금은 시대에 뒤떨어진 미신을 따르는 사람이라고 멸시하고, 일부에서는 서양을 숭상하는 사람이라고 오해하니, 고금을 막론하고 입교문은 좁은 문입니다.

그뿐입니까? 예수교에 입교한 것 때문에 어제의 직업을 잃어버리는 경우도 있고, 사회의 지위를 내던지지 않을 수 없는 때도 있는 것이니, 그 길은 험합니다. 온 세상이 함께 들어가는 큰 문이 저기에 열려 있으니 그곳에서는 부귀영화를 서로 자랑하거늘, 하나님을 믿는 자들은 특별히 좁은 문으로 들어가야만 되니 누가 입교문을 두드리겠습니까! 만인이 동행하는 탄탄대로에는 술이 있고 노래하며 서로 즐기거늘, 유독 이 험한 길을 누가 간신히 걷고 있겠습니까!

그러나 눈을 들어 넓은 길의 종점을 보십시오. 그 종점을 보았거든 속히 떠나야 합니다. 험한 길에서 고생하는 신자 여러분, 눈물을 씻고 자세히 보십시오. 그 길에 선지자들과 사도들의 발자취가 역력할 것입니다. 험하다고 주저앉지 말고 멀리 앞을 바라보면 천국이 보입니다. 그리고 아직 믿지 아니하는 형제들이여, 어서 결심하고 입교문으로 들어오십시오.

회개문

회개하고 입교하는 신자도 없지 아니하나, 대개는 입교한 후에 완전히 회개하게 되니 입교문을 통과한 후에 반드시 회개문에 들어가야 합니다. 저도 처음 입교한 지 얼마 아니 되어 술을 금하고 담배를 끊었습니다. 그러자 예전의 술벗이 저를 보고 "너는 어찌하여 술 먹지 아니하느냐?" 묻기로, 저는 "신약과 구약이란 약을 먹고 술 먹지 아니하노라" 답하였습니다. 그러나 이것은 완전한 회개는 아니었습니다. 그 후 저의 옛 친구들이 저를 끌고 주점에 가서 강제하여 한 잔 한 잔 거듭하여 취하도록 먹게 되었습니다.

생각해 본즉 예수를 다시 믿어야 하겠는데, 분하고 부끄럽기 비할 데 없었습니다. 술자리를 차고 일어나니 마음에 통회가 일어나는데 견딜 수 없어 수십 리 길에서 통곡하다가 우거진 숲속에 들어가 하나님 앞에 자복하려 하니 가슴을 칼로 찢는 것과 같이 아파서 밤 깊도록 통곡하였습니다.

그 후 41년 동안 금주는 물론 모든 죄를 미워하는 회개의 생활을 해 왔습니다. 제가 경험한 대로 보면 회개는 쓰리고 아픈 좁은 문입니다. 옛날에 즐기던 술과 담배뿐 아니라 예전에 좋아하던 모든 것을 다 내어 버리고 회개의 문에 들어서기는 결코 쉬운 일이 아닙니다. 여러분은 회개의 좁은 문에 들어왔습니까? "회개하라! 천국이 가까우니라!"

성일문聖日門

주일을 거룩하게 지키라 함은 제4계명입니다. 그러나 주일 지키기도 쉬운 일이 아니니, 성일문도 좁은 문입니다. 주일을 지킴으로 받을 복이 적지 아니하나 이는 장래에 속한 일이요, 당장 목전에 보이는 손실을 생각하면 실행은 어렵습니다. 주일을 지킴으로 좋은 직업을 빼앗긴 신자가 한두 사람이 아니나, 그 어려움을 이기는 자마다 큰 복을 받았습니다.

일본 오사카에 어떤 신자가 월급을 100원 받기로 하고 모 상회에 취직하였는데, 주일을 지키겠다고 하자 그 상점 주인이 그의 휴업을 거절하였습니다. 주일을 지킴으로 100원 월급을 50원으로 감봉하였으나, 그 형제는 50원 감봉을 당하고 예배에 나아갔습니다. 그러나 그는 6일 동안 부지런히 일했기 때문에 다른 점원보다 능률이 더하고 믿음이 있었습니다. 그래서 두 달 후에 주인은 그의 봉급을 다시 100원 이상으로 올려 줄 뿐 아니라, 전에 2개월 감봉한 분도 보상하고 상회의 중임을 맡겼습니다. 제가 아는 어떤 사람은 주일을 지키는 것 때문에 퇴직 처분을 받고 수개월간 많은 식솔이 기아 선상에서 울다가 다른 일에 전직하여 부자가 된 신자가 있습니다. 설혹 전화위복의 행운을 만나지 못한다고 할지라도 목숨을 다할 때까지 희생을 각오하고 제4계명을 지키지 않으면 안 됩니다. 어떤 교파에서는 주일성수를 중요하게 여기지 아니함으로 교회가 쇠퇴하여 가는 것을 봅니다. 주일성수의 마음이 해이해진 오늘날에 인간 생활은 더욱더 복잡다단을 가하니 주일 지키기는 더욱 어렵습니다. 그래도 주일을 엄수하십시오. 여러분! 성일문에 들어섰습니까?

기도문

의식을 따라 주일 엄수만이 족한 것이 아니라 참예배가 있어야 하니, 예배의 중점은 기도입니다. 기도는 결코 쉬운 일이 아니니, 주님은 겟세마네 동산에서 피땀을 흘리면서 기도하셨습니다. 밤잠 못 자고 철야기도 하는 일이나 밥을 못 먹고 금식기도 하는 일은 물론, 힘써 기도하면 신체도 괴롭고 마음의 노력도 여간 어려운 일이 아니니 기도 역시 좁은 문입니다. 기도하지 아니하거나, 기도한다 하여도 식 기도나 하고, 자고 깰 때 잠깐 몇 마디 기도하는 것은 쉬울 것입니다. 그러나 이런 무력하고 무성의한 기도로는 능력을 받지 못합니다.

아무개 씨는 예전에 묘향산에 있던 동굴에 들어가서 맹수의 위험을 무릅쓰고 오래 기도하였다 하니, 그 수고가 어떠했겠습니까? 저도 산에서 승냥이가 달려드는 밤중에 기도하여 본즉, 과연 매우 어려웠습니다. 옛적 모든 성도들도 모두 기도의 수고를 거치지 아니한 자가 없었습니다. 기도는 하나님의 능력이 나타나는 기관이니, 어려울지라도 기도문에 들어와야 합니다. 겟세마네에 들어가서 힘써 기도하여 능력을 받아야 합니다.

사경문 査經門 (성경을 열심히 공부하는 일)

성경은 신령한 양식입니다. 기도와 성경공부를 병행하지 아니하면 안 됩니다. 기도는 호흡이요, 성경공부는 영양 섭취입니다. 신자가 성경을 먹지 아니하고는 성장할 수도 없고 향상할 수도 없습니다. 육신의 양식을 먹는 입은 하나뿐이나, 신령한 양식을 먹는 입은 넷이니 두 눈과 두 귀입니다. 귀먹은 자는 눈으로 보아 영적 양식을 섭취할 것이요, 눈먼 자는 귀로 들어 가능합니다. 한쪽 눈만 성하여도 이 양식을 섭취할 수 있게 되었으니 이는 육신의 양식보다 영의 양식이 반드시 필요한 것이기 때문에 하나님께서 영의 양식을 섭취하는 기관을 넷씩이나 지어 주신 것입니다. 그럼에도 불구하고, 두

눈과 두 귀를 다 가지고도 성경말씀을 공부하지 아니하니 어찌 한심치 아니합니까?

여러분은 영의 양식을 섭취하는 데 얼마나 노력합니까? 오늘 성경 세 장 읽고 온 사람 손들어 보십시오! 모두 몇 사람이 못 되니 이렇게 하고서야 어찌 영적 기갈을 당하지 아니하겠습니까. 기독 신자, 특히 직분자는 적어도 성경말씀을 50번 이상 통독하지 아니하면 안 됩니다. 그런데 성경공부가 그렇게 쉬운 일이 아니니, 사경문도 또한 좁은 문입니다. 매일 정독하여 신구약을 통독하고 장과 절을 따라 오묘한 뜻을 찾으며 그 교훈을 실행해야 하는 것이니, 게으른 마귀를 이기고 정성을 다하여 공부해야 합니다. 여러분은 힘써 사경문에 들어와서 신령한 양식을 섭취하십시오.

성결문
주님은 "내가 거룩하니 너희도 거룩할지어다"(레위기 11:44-45; 베드로전서 1:16) 말씀하셨습니다. 거룩이란 세상과 구별하는 것이니, 성결문이야말로 참 좁은 문입니다. 혈기, 시기, 교만, 음욕, 나태, 탐심, 분노 등의 예전 죄를 뿌리까지 뽑지 아니하면 안 됩니다. 입교하여 회개하고, 주일성수하며 기도하고, 성경말씀을 공부하므로 정진하고 또 정진하여 성결문에까지 들어가야 합니다. 우리는 성결문에 들어와서 거룩한 자가 되어야 신랑 예수를 영접할 수 있습니다.

제가 어느 교회에서 목회할 때 어떤 청년 신사가 우리 교회 처녀와 약혼하고 수일 후에 치룰 혼례식 준비를 하고 있었습니다. 그런데, 난데없이 한 여자가 달려들어 "이 청년은 내 남편이요, 이 아이의 아버지다" 하고 야단법석하여 그 결혼식은 중지되고 말았습니다. 어느 곳에서는 결혼식장에서 행진곡에 발맞추어 입장하는 신랑·신부에게 어떤 남자가 뛰어들어 신부를 가리키며 "저 여자는 나의 무엇"이라고 하여 야단난 일도 있었습니다.

결사문

결사문! 이는 최후의 좁은 문이요, 가장 험한 길입니다. 예수께서는 죽음을 각오하고 예루살렘에 올라가셔서 겟세마네에서 죽음의 최후 결심을 확정하시고 십자가를 지셨습니다. 예수님 말씀이 "십자가를 지고 나를 따르라"(누가복음 9:23) 하셨으니, 우리도 십자가의 각오로 결사문에 들어가야 주를 따라갈 수 있습니다. 살고자 함은 동물의 본능이요 인지상정인데 누가 죽기를 좋아하겠습니까? 예전에 한 노파가 말할 때마다 "귀찮은 세상, 어서 죽으면 좋겠다" 하므로 장난꾸러기 아이들이 밥을 비벼서 환약같이 만들어 "먹으면 죽는 약"이라고 노파에게 준즉 그녀가 성내며 욕하였다 합니다. 이는 사람이 아무리 늙어도 죽기 싫어한다는 이야기입니다.

그런데 예수님은 33세에 죽음을 결정하셨습니다. 33세 된 청년 한 분 일어서시오. 여러분, 저 청년을 보십시오. 지금 한창 살기 좋은 때 아니오? 주님은 저 사람만큼 살기 좋은 때에 십자가를 지셨습니다. 무죄하신 예수는 우리의 죄를 대신하여 죽으셨으니, 우리는 예수를 위하여 무엇을 하였습니까? 기독 신자는 한 번 죽어 예수의 은혜를 만분의 일이라도 갚아야 마땅하고 또 마땅합니다. 스데반도 예수를 위하여 돌에 맞아 죽었고, 야고보도 예수를 위하여 목 베임을 당하였으며, 베드로도 예수를 위하여 십자가에 거꾸로 달렸습니다. 2,000년 이래 허다한 선남선녀들이 예수를 위하여 순교의 피를 뿌렸으니, 기독 신자의 앞에는 결사의 문이 있는 것입니다. 결사문 앞에서 겁내어 뒤로 돌아서는 자는 피해나 괴로움을 오랜 세대에까지 끼치는 것입니다.

한번 태어나 한번 죽는 일은 면치 못할 일이니, 아무래도 죽을 바에는 예수를 위하여 죽는 것이 좋지 아니합니까? 병이 들어 죽는 것도 평안한 것이 아닙니다. 아무래도 괴로울 바에는 주님을 위해 죽는 것이 옳지 아니합니까? "네가 죽도록 충성하라 그리하면 내가 생명의 관을 네게 주리라"(요한계시록 2:10) 하였으니, 예수를 위하여 죽으면 생명의 면류관을 쓰고 영원한 낙원에서 주와 함께 살 것입니다.

여러분, 6중문을 다 지나서 결사문에서 돌아서면 10년 공부가 나무아미타불이 되고 맙니다. 겁내지 말고 결사문에 들어서십시오! 결사문에 들어서서 요단강 저 언덕을 바라보십시오! 저기서 예수님이 생명의 면류관을 들고 기다리십니다.

영화롭다 낙원이여 그 산 위에서 보니
먼바다 건너 있는 집 주 예비하신 궁일세
그 화려하게 지은 집 영원한 내 집이로다

부활운동. 제5권 2호. 1939. 2.

좁은 문으로 들어가라

> 좁은 문으로 들어가라
> 멸망으로 인도하는 문은 크고 그 길이 넓어 그리로 들어가는 자가 많고
> 생명으로 인도하는 문은 좁고 길이 협착하여 찾는 자가 적음이라 (마태복음 7:13-14)

교회 안에는 권세가 없습니다. 세상의 부가 없습니다. 세상의 영화도 없습니다. 그러므로 교회에 들어올 길은 너무나 좁습니다. 교회에 들어오면 담배와 술을 먹을 수가 없고 첩을 두지 못하니, 그 길이 좁습니다. 교회 밖에는 길이 넓습니다. 문들이 발달한 오늘날, 돈만 있으면 교통의 편리한 혜택으로 멀리 여행도 할 수 있습니다. 하고 싶은 일을 맘대로 할 수 있습니다. 그 범위가 대단히 넓으며, 죄를 짓게 하는 길도 많습니다. 그 길은 과연 넓고 넓습니다. 그러나 이 넓은 길로 가면 결국 멸망과 물속에 가라앉아 잠겨 버리게 되는 것이요, 영생이 없습니다. 영원히 사는 길은 교회의 좁은 문을 통과해야 되는

것입니다. 교회를 통과하는 길, 즉 좁은 길은 무엇일까요?

성경을 읽음으로

신구약 66권을 통독하기가 쉬운가 하면 몹시 어려우므로 읽어 오는 자가 많지 않습니다. 도무지 보지 않는 자도 많습니다. 그러나 수고스럽더라도 성경을 읽어야 하나님을 알 수 있으니, 읽지 않고서는 안 되겠습니다. 이 좁은 문을 통하지 않으면 천국에 갈 수 없습니다. 좁은 문은 생명으로 인도하는 문이니 신령한 은혜를 받은 자는 누구나 다 성경을 읽음으로써 된 것입니다. 고 양전백 목사[1]같은 분은 천 리나 되는 먼 길을 걸어서 기어이 사경회에 참석하여 성경의 은혜를 남달리 받았습니다. 그리고 보니 사경회에 한 번 참여하려면 한 달이 넘게 걸어야 하니까 발이 몹시 부르터서 큰 고생을 했다고 합니다. 참으로 오늘날 우리 교회 중에 이같이 모든 시간과 정신을 희생해 가면서 성경을 공부하는 자가 얼마나 많을까 의문입니다.

---

[1] 1869-1923. 독립운동가. 호는 격헌(格軒). 3·1운동 때 민족대표 33인 중 한 사람으로 기독교 대표로 참가하였다가 투옥되었다.

회개함으로

오늘날은 참말과 좋은 말 하는 자가 세상에서 조롱을 받고, 거짓말하고 술 먹고 간음하며 난봉을 부리는 자가 더 뽐냅니다. 행악하고서도 선을 행하는 체하며, 간음하고서도 깨끗한 체 남을 속이고서도 진정으로 그를 사랑하는 체하는 자가 얼마나 많은지 모르겠습니다. 회개하지 않고서는 천국에 갈 수 없습니다.

제가 잠깐 해주 감옥에 있었던 일이 있습니다. 그때 다른 감방에서 찬송가 소리가 들려왔습니다. '아, 여기에도 예수 믿는 사람이 있구나' 하고 한없이 기뻐서 그의 뒤를 따라서 저도 한 곡조를 불렀습니다. 이렇게 노래를 부른 후에 그와 통성명하고 "왜 여기 들어왔느냐?"고 묻게 되었습니다. 알고 보니 그는 감옥에 들어온 지 몇 해 되었는데, 그동안 자기가 지은 죄를 회개하여 자기가 15년을 선고 받아 징역을 살게 된 것을 마땅한 일이라고 생각하고 있었습니다. 그때 감옥을 부수고 도망갈 음모를 가지고 간수 모르게 파옥 계획에 가담하라고 돌아다니며 권하는 판이었습니다. 그러나 그는 단연 거절하였습니다. 왜 싫은가 하고 동무들이 물어볼 때, 그는 "나는 죄가 많은 사람이니 여기서 더 오래 고생하여도 마땅한 일이요, 죽어도 무방하겠습니다" 하고 말했습니다. 이 말에 동무들은 무어라 더 말할 수 없어서 설득하기를 그만두고 계획을 실행하기로 했습니다. 그러나 뜻과 같이 되지 못하고 실패로 돌아가고 말았습니다. 감옥에서 이 기미를 알고 다른 사람들은 더 오래 징역을 살게 했으나, 이 사람만이 그 계획에 가담하지 아니하고 홀로 회개한 것을 알고 15년 징역 살 것을 3년만 살게 하였습니다. 회개하는 자가 세상에서 깨끗한 생활을 할 뿐만 아니라 하늘나라 가는 것도 회개하는 자라야만 될 것입니다.

기도의 문으로

옛 성도의 일을 생각해 보면 모두 기도하기에 애를 썼습니다. 그런데 유명한 신학자 가운데서도 기도하는 것을 반대하는 이가 더욱 많아 갑니다. 밤을 새우며 기도할 필요가 없다 하며, 눈물 흘리며 기도할 필요도 없다고 하니 이것이 얼마나 어리석은 일입니까? 예수께서는 예루살렘을 내려다보며 울면서 기도하셨습니다. 바울도, 예레미야도 눈물의 기도를 하였습니다. 루터도 기도했습니다.

구원의 길로 가는 자는 누구나 기도하지 않고서는 안 됩니다. 기도하는 자가 하나님의 계시를 받으며, 하나님과 더불어 교제할 수 있습니다. 기도하는 자를 해할 자가 어디 있습니까? 하나님께서 기도하는 자와 함께하심으로, 기도하는 중에 범과 사자가 감히 그를 해할 수 없습니다. 기도하는 자는 불 가운데서도 살아 나왔습니다.

여러분은 우리의 호흡과도 같은 이 기도를 열심히 드립니까? 음식 먹을 때에야 겨우 밥상을 받아 놓고 기도를 드리니, 이렇게 열심 없는 기도는 하나님이 받아 주시지 않습니다. 좁은 문으로 들어가는 자는 눈물의 기도를 드려야 합니다.

성일문으로

안식일을 잘 지켜야 합니다. 주일을 그다지 중히 여기지 아니하고, 예배드리기 전에 다른 일을 하는 것쯤은 별로 상관하지 않으니 통탄할 일입니다. 예수님께서도 주일을 범한 자를 꾸짖었습니다. 제가 어떤 청년과 문답하는 중에 첫째로 "주일을 범했는가?" 물었습니다. 별로 대답하지 않고 있기에 "도적질하는 것과 주일을 범하는 것 중에 어느 것이 더 중한 죄이냐?" 하고 다시 물으니 그는 "주일 범하는 것이 더 중한 죄입니다"고 말했습니다. 어찌하여 그런지 그 이유를 물으니 "도적은 밤을 타서 도적질하거니와, 주일을 범하는 자는 낮 도적이니 더 중하지 않습니까?" 하며 우는 것입니다. 우리가 교인으로서 쉽게, 또 많이 범하는 죄는 주일을 범하는 죄입니다. 이 주일을 잘 지킴으로 하나님을 더 영화롭게 할 수 있습니다.

입덕문立德門으로

우리는 큰 덕을 이루는 자만 입덕立德(덕을 세움)하는 자라고 우러러보나, 그들도 작은 덕을 세움으로써 큰 덕을 이룬 것입니다. "내 형제 중에 지극히 작은 자 하나에게 한 것이 곧 내게 한 것이니라"고 주님께서 말씀하셨습니다. 날마다 내가 할 수 있는 일을 덕스럽게 행하면 그 덕은 어디 가서나 서 있습니다. 없어지는 법은 도무지 없습니다.

예수께서 비유로 다시 세상에 와서 하실 일을 말씀하실 때 "내가 주리고 목마를 때나 나그네 되었을 때나 헐벗었을 때나 병들었을 때나 옥에 갇혔을 때에 나를 대접한 자는 영생에 들어가나, 그렇지 않은 자는 영원한 형벌을 받으리라" 하셨습니다. 이 말씀에 사람들이 "주여, 우리가 주께서 주리신 것을 보고 음식을 대접하였으며 목마르신 것을 보고 마시게 하였나이까 어느 때에 나그네 되신 것을 보고 영접하였으며 헐벗으신 것을 보고 옷 입혔나이까 어느 때에 병드신 것이나 옥에 갇히신 것을 보고 가서 뵈었나이까?" 하였습니다. 이때 예수께서 "지극히 작은 자 하나에게 한 것이 곧 내게 한 것이니라"고 대답했으니, 우리는 예수를 대접함이 다른 것이 아니라,

작은 자 하나를 대접함이 곧 예수를 대접함인 줄 알고 사람을 대접하는 일에 더 힘써야겠습니다(마태복음 25:34-46).

남에게 대접을 받고자 하면 남을 대접해야겠으며 대접하면 곧 덕이 서는 것입니다. 우리가 좁은 문으로 들어가는 것이 쉬운 일이 아니라고 해서 너무 두려워 말고, 이 좁은 문으로 쉬지 말고 나아갑시다. 그 끝은 영생이니 기쁩니다. 넓은 길의 마지막은 좁아지며 그 끝은 사망이니, 어서 좁은 길로 주님이 가르치신 명령대로 나아갑시다.

새사람. 제4집. 1937. 4.

요셉의 신앙

창세기 39장 1절, 잠언 3장 6절

> 너는 범사에 그를 인정하라
> 그리하면 네 길을 지도하시리라(잠언 3:6)

사람이 일생을 지낼 때 바른길을 걸으며 아름답고 순결한 생활을 하고자 함은 누구든지 다 원하는 바이나, 실제에 이것을 실행하여 보겠다 할 때는 도저히 쉽지 않은 것이외다. 그러함으로 우리는 분투에 분투를 더하여 어디까지든지 실행하여 우리 목적에 도달케 할 것이외다. 이같이 하려 함에는 우리 힘만 신뢰하여서는 안 될 것이요, 하나님께 기도하고 이 길의 선각자를 찾아볼 것이외다. 4,000년 전에 살았던 요셉이지만, 신앙은 우리에게 커다란 산 교훈이 됩니다. 이제 그의 신앙생활을 보고 배워서 나아갑시다.

불변심不變心

요셉은 자기 아버지 슬하에 있을 때 가졌던 신앙이나 옥중에 갇혀서 고난을 겪을 때 가졌던 신앙이나 애굽 총리가 되어 영화와 부귀가 극도에 달한 때 가졌던 신앙이 일반이외다. 이것은 과연 변하지 않는 신앙이라 하겠습니다.

그러나 우리 인류는 하나님을 믿음에 있어 빈천貧賤할 때와 무식할 때는 신자 노릇을 하는 자가 많으나, 몸이 부귀하여지며 지식이 있게 될 때는 자연히 하나님을 떠나 멀리하여 불신합니다. 요새 시골 형제들이 시골에서 잘 믿고 교회의 인도자 노릇을 하다가 서울에 오게 되면 예수를 떠나서 회당을 멀리하고 죄악의 노예가 되는 경우를 흔히 봅니다.

형제여, 요셉의 신앙을 배울 필요가 있지 않습니까? 하나님께서는 두 마음을 품는 자를 미워합니다(시편 119:113). 마음 변하기를 속히 하는 음란한 계집 같아서 제일 더러운 사람이라고 합니다. 동양의 옛 성인도 "군자는 곤궁하더라도 그 절개를 바꾸지 않는다"[1] 하였습니다. 우리가 환란 중이나 부귀중이나 안락을 누릴 때나 한마음으로 믿어야 하겠습니다. 우리 형제여, 항상 변치 않는 요셉의 신앙을 배우시기를 바랍니다.

---

1 군자곤궁이부개절(君子困窮而不改節)

죄를 지을 기회가 있음에도 죄를 짓지 아니함

제일 어려운 일은 이 일이라고 합니다. 요셉도 우리와 똑같은 성정이 있는 사람이요, 혈기왕성한 청년이외다. 그러므로 요셉도 이성의 사랑을 맛보지는 못하였으나 죄성의 사랑을 알았을 것이요, 청년 시대의 불같은 정욕도 있었을 것이외다. 이러할 때 꽃 같은 여자에게 꼬임을 당하면 이기기 능히 어렵겠다고 생각합니다. 그러나 이 같은 기회에도 요셉은 능히 죄에 빠지지 아니하였으니 과연 사람이 당하기 어려운 시험을 이겼습니다.

형제여, 요셉뿐 아니라 오늘도 죄에 빠지기 쉬운 기회가 많습니다. 깨어 시험을 이겨서 죄에 빠지지 않을 것이외다. 잠시 몇 분 동안의 즐거움으로 영원한 고생을 겪기 쉽습니다. 오늘의 문명한 시대는 청년들이 죄에 빠지기에 매우 쉬운 줄로 압니다. 아직 일정한 정도에도 미치지 못한 사람들이 문명한 체하며, 청년 남녀가 한데 뭉쳐 산과 들에 산책하면서 자유연애니 어쩌니 하다가 실수하기 매우 쉽습니다. 이와 같은 대도시는 시설이 더 굉장할수록 청년 남녀의 맘을 더 허황하게 하여 죄에 쉽게 빠지게 합니다.

옛날 말로 하면 시골 사람이 서울 와서 감히 정신을 차려 무슨 일을 하지 못하였으나, 지금은 대등하기 때문에 시골 사람이 서울 와도 아주 서울 사람에게 질 것이 없이 지내게 되므로 죄짓기 쉬운 줄로 압니다. 형제여, 주위 사정이 어떠하든지 그것은 다 믿음을 연단하는 것입니다. 시험에 떨어지지 아니하여야 요셉과 같이 흑암 중에 광채가 있어 귀중한 보배의 믿음이 될 터이니 주의하여 죄를 짓기 쉬운 기회에 죄짓지 말기를 바랍니다.

우리도 만사에 합일한 믿음을 배워야 할 것이외다

잠언 3장 6절에 "너는 범사에 그를 인정하라 그리하면 네 길을 지도하시리라" 하셨습니다. 여호와를 알고 복종하는 자가 복 있는 자요, 지혜있는 자이외다.

요셉이 자기 골육의 형들에게 팔려 외국인의 종이 될 때, 그 맘이 얼마나 큰 고통을 맛보았겠습니까? 곧 나아가 자결할 마음을 가졌을지도 모르는 일이외다. 하지만 요셉은 낙심하지 아니하고, 항상 여호와를 알고 장래를 바라는 중에 참고 나아갔습니다. 애굽의 친위대장 보디발의 아내의 모함에 빠져 옥중에 들어갈 때는 또 얼마나 맘이 아프고 슬펐겠습니까? 하지만 요셉은 조금도 개의치 아니하고 여전히 하나님 여호와를 의지하고 나아가서 나중에 옥에 갇힌 사람들의 감독이 되었으며, 해몽하는 은혜를 받아 바로의 꿈을 해몽함으로 한 나라의 총리가 되었습니다. 총리가 된 요셉은 한 시대나 한 세대에 비할 수 없이 큰 영화를 누리게 되었습니다. 하지만, 항상 여호와를 찬양하고 의지하여 곤궁한 때나 안일한 때나 일반으로 만사에 일치된 신앙을 가지고 나아갔습니다. 우리 사람은 신앙의 정도가 신변의 사정에 따라 달라지되 요셉은 늘 한결같은 신앙을 가졌습니다.

형제여, 주가 우리에게 부탁하심이 무엇이오니까? "너희는 산 위에 세운 성이라", "너희는 소금이라", "너희는 빛이라" 하셨으니 여러분은 소금과 빛이 되었습니까? 소금과 빛이 되었으면 변치 않고 직분을 다하여야 합니다. 소금과 빛은 미국에 있으나 영국에 있으나 조선에 있으나 한모양이외다. 우리도 요셉과 같이 늘 한 신앙을 가지고 나아가서 아름답게 번쩍이는 빛이 있는 생활을 하시기를 바랍니다.

신앙의 로. 1924.

연약한 것을 면하고 신령해지자

요한계시록 3장 14-22절

> 볼지어다 내가 문 밖에 서서 두드리노니
> 누구든지 내 음성을 듣고 문을 열면 내가 그에게로 들어가 그와 더불어 먹고
> 그는 나와 더불어 먹으리라 (요한계시록 3:20)

요한계시록 3장 14-22절 말씀은 주님께서 세상에 계실 때 하신 말씀이 아니고, 부활하고 승천하신 후 하늘나라에 가셔서 가르치신 말씀입니다. 그런데 신학자들이 말하기를, 계시록에 있는 일곱 교회는 초대 교회, 중세 교회, 말세 교회의 그림자라고 합니다. 지금 본 말씀은 마지막 세대의 교회를 향하신 말씀입니다. "너는 부자라 부요하여 부족한 것이 없다 하나 부자가 아니다. 부족한 것이 다섯 가지가 있다" 하셨습니다.

현대 교회는 부자입니다. 그러나 형식상 부자입니다. 옛날 교회는 부자가 못 되었습니다. 그런데 오늘날은 서양 교회든

동양 교회든 건물이 화려하고, 십만 원짜리, 백만 원짜리까지 고가의 비품도 있으며 우리 교회에도 수십만 원짜리 비품이 있습니다. 또 다양한 교회 설비도 갖춥니다. 요즘에는 좀 타격이 되었지만 교회에는 학교, 병원, 고아원, 맹아원까지 갖추어 부하고 왕성합니다. 그리하여 부하다고 할 형편에 있습니다. 이처럼 부자라고 하지만 다섯 가지 권면할 것이 있습니다. 오늘 밤 주님의 간곡한 권면을 생각해 봅시다. "연약한 것을 면하고 신령해지자"라는 제목으로 잠깐 말씀드리고자 합니다.

부족한 것 다섯 가지가 있습니다.

첫째는 "곤고함"입니다.

고단해서 잠을 자주 잡니다. 졸리고, 또 졸리고 대단히 곤고합니다. 이런 교회는 걱정만 많이 합니다. 구원에 대해서도 "잘 믿어야겠는데, 하… 이거 잘 믿어야 할 터인데" 하는데 아주 힘이 없어 기도도 잘하지 않습니다. 옛적에는 40일, 20일 굶으면서 기도했습니다. 오늘은 열흘도 굶으면서 기도하는 이가 없습니다. 기도하느라고 피곤해서 그 육신이 고단한 것이 아니라, 게을러서 한 시간도 힘써 기도하지 않습니다. 아주 곤하게 지냅니다. 그래서 불의 핍박, 사자굴에 들어가는 핍박을 이기는 힘이 없습니다. 참된 핍박을 받아 불사르는 데까지, 톱으로 켜는 데까지 참지 못하고, 형제간에 조그만 일에 참지 못하고 성을 내곤 합니다. 외양은 왕성하나 아주 곤고한 지경입니다.

옛적에는 전도하다 매 맞고, 감옥에 들어가고, 가산을 탕진해도 힘 있게 전도했습니다. 그러나 지금은 복음을 증거하는 힘이 없어서 이와 같이 곤고한 지경에 이르렀습니다.

둘째 "가련하다" 했습니다.

가련可憐이 무엇입니까? 불쌍하다는 말입니다. 여러 가지 장애를 가진 사람도 불쌍합니다. 그러나 먹을 것을 먹지 못하는 것이 제일 불쌍하지 않습니까? 이와 같이 우리 교회 형편이, 영혼이 기갈해서 주리고 목마른 것 같이 가련합니다. 양식을 두고도 불쌍한 사람이 어디 있습니까?

옛날에는 돈이 있어도 성경을 살 수 없었습니다. 루터 선생도 수도원에 가서야 성경을 보게 되었습니다. 그러나 오늘은 집마다 들어가기 쉽게 한글과 한문으로, 또 값싸게 이런 글자 저런 글자로 만들어 누구나 다 사보기 쉽게 했으니, 오늘날 교인들은 성경을 보지 않음으로 영혼이 가련한 지경에 들어갔습니다. 굶으면 쇠잔한 모양이 되듯이, 밥을 굶은 이가 무슨 일을 하겠습니까? 무슨 힘이 있겠습니까? 무엇을 하겠습니까? 성경은 각 사람에게 양식으로 주어졌습니다. 살게 하려고 주었습니다. 밝게 하려고, 변화시키려고 주었습니다. 그러나 오늘날 성경 읽는 이가 몇이나 됩니까? 옛날 유대인은 성경을 외우기까지 했습니다. 평양의 어떤 장로는 마태복음을 외우고, 어떤 이는 요한복음을 외우고, 어떤 이는 계시록을 외우고 골로새서를 외웁니다. 이제 보니 너무나 가련하여 영혼이 불쌍한 지경에 이르렀습니다.

셋째 하나님께서 "너는 가난하다" 했습니다.

믿음이 가난하다는 말입니다. 우리 믿음이 얼마짜리라고 하겠습니까? 에서는 팥죽 한 그릇에 장자의 기업을 팔았습니다. 자기 생각을 팔아먹고 믿음을 얼마에 팔아먹습니까? 계명을 얼마에 범합니까?

십계명을 지켜야 구원을 얻습니다. 예수는 "율법을 폐하러 온 것이 아니요"라고 하셨고, 성신이 바울을 빌려 "율법을 폐하느뇨? 그럴 수 없느니라" 하셨습니다. 주일을 범하는 것이나 도적질하는 것이나 죄를 범하기는 마찬가지입니다. 옛날에 부모에게 불효하는 사람은 때려죽이라고 했습니다. 계명 가운데 어느 것은 크고, 어느 것은 작은 것이 아닙니다.

에덴동산에서 선악과를 먹으면 죽는다고 하더니, 하와가 먹어도 죽지 않았습니다. 만일 죽었다면 아담이 먹지 않았을 것입니다. "에쿠, 먹지 말라는 선악과를 먹더니 죽었군" 하고 안 먹었을 것입니다. "하나님이 먹지 말라는 것은 정말 먹지 못하겠다" 할 것입니다.

계명을 범하면 죽는다 했지만 오늘날도 안 죽어요. 지금 누가 주일을 범하다 눈이 나와 죽으면, "야, 주일에 일하다 눈이 쑥 나와 죽었다, 모가지가 비뚤어져 죽었다, 주일 못 범하겠다" 하겠습니다. 그러나 당장 죽지 않습니다. 망하지 않습니다. 그러나 계명을 범한 사람은 하늘나라에 들어갈 때 "나는 주의 이름으로 가르쳤습니다" 하나 "이 불법한 자여, 떠나라" 할 것입니다.

어떤 이는 아침에 교회에 가서 주일을 지키고, 저녁에는 팔고 사고 합니다. 어떤 이는 예배당에서 돌아오는 길에 성경을 끼고 무엇을 사서 옵니다. 그 사람이 믿는 이요, 부인은 주일에도 밤에 열리는 시장에 나가 "이거 얼마요?" 하고 삽니다. "왜 삽니까?" 하고 물으면, "예배 다 보았는데요" 합니다. 조금만 이익이 되어도 계명을 범하고, 손해가 되어도 범하는 그 사람은 참 미련합니다. 지혜가 있는 이는 깊이 생각하십시오. 이 생명을 버릴지언정, 부러질지언정 계명을 범해서는 안 되겠습니다. 육신을 보전하려고 믿는다고 할 것이 무엇입니까? 우리 믿음이 너무나 가난합니다.

넷째 "눈멀었다" 했습니다.

바리새인이 "우리가 어찌 맹인이냐?"고 말할 때 예수님께서 "차라리 맹인이면 좋을 뻔했다"고 말씀하셨습니다. "여러분, 마음으로 천당 가는 줄 꼭 믿으십니까?" 물으면, 그 뜻도 잘 모르면서 천당 간다고 말합니다. 구약시대에 하나님께 제사할 때 양이 너무 아까워서 눈 찢어진 것으로 제사 드리고, 또 살진 것이 아까워서 마른 것으로, 수컷 큰 것이 아까워서 말라 빠진 것으로 드리는 일이 있었습니다. 그 사람이 잘 드렸습니까, 못 드렸습니까? 그 사람이 복 받으려고 제사 드린 것입니까? 잘하는 일입니까?

이제 우리 예수 믿는 이의 위상은 땅에 떨어졌습니다. 주일마다 동전 한 닢씩 가지고 와서는 그나마 바꾸어 가지고 갑니다. 예배당 집사가 연보 돈 모은 것을 금융조합에 저금하려고 하니까 가져오지 말라고 했습니다. 동전만 가지고 와서 저금한다고, 세기 귀찮다고 했습니다. 연보를 거지 동정하듯 합니다. 어떤 아이가 아버지에게 연보 돈을 달라고 하니까 "야, 동전이 없구나. 다음 주일에 내라" 합니다. 이것이 천당을 안다는 것입니까? 남은 십만 원, 백만 원을 아끼지 않고 내는데 그저 안 내려고 하는 것이 하늘나라를 아는 것입니까? 예수님은 "보물을 하늘에 쌓아 두라 네 보물 있는 그곳에는 네 마음도 있느니라"(마태복음 6:19-21) 했습니다. 눈이 얼마나 어둡습니까?

다섯째 "벌거벗었다" 했습니다. 어느 날 꿈에 웃통을 벗고 있어서 어디 갈 수도 없고, 옷을 찾으려고 애쓰다가 깨어나 보니 꿈입니다. 누가 벌거벗고 예배당에 오겠습니까? 그러나 예수를 믿는다고 하면서 시기하고 혈기 부리고, 이것이 벌거벗은 것처럼 부끄러운 일이 아닙니까? "너희는 벌거벗었다." 이 부끄러움 가지고서는 하나님 앞과 사람 앞에 설 수 없습니다.

"내가 너를 권하노니 내게서 불로 연단한 금을 사라" 했습니다. 금을 사려면 돈이 얼마나 들어야 하겠습니까? 가난한 이가 어떻게 하겠습니까? "내게서 불로 연단한 금을 사라." 금은 무엇입니까? 믿음이올시다. 아브라함의 믿음, 노아의 믿음, 모세의 믿음. 옛적 믿음의 선배들이라고 해서 별사람이 아니올시다. "저는 곤고하고 곤하건만, 면하게 할 믿음이 없습니다. 저는 눈이 어둡습니다. 그로 인해 제가 믿음이 있다고 못합니다" 하고 회개하면 귀한 믿음을 주십니다.

어느 시골 목사가 사경회를 가든지 부흥회를 가든지 하면 번번이 쫓겨 옵니다. 이 목사를 '나루기 목사'라고 합니다. 신학 공부는 했지만, 손주 업고 나루기 멍석이나 널고 허드렛일이나 하기 때문에 나루기 목사라고 합니다. 이 목사가 하루는 곰곰이 생각해 보았습니다. '왜 가는 데마다 나를 환영하지 않을까?' 설교할 때 논어·맹자·주역만 하니, 누에한테 뽕나무 잎을 주어야지 갈잎을 먹이는 데가 어디 있습니까? 설교할 때마다 밤낮 공자 왈, 맹자 왈만 찾으니 "또 그 소리 한다" 하고 교인들이 다 싫어했습니다. 이 목사는 성경공부는 안 하고, 자기가 잘못한 것을 20가지나 적어서 그걸 펴 놓고 눈물을 흘리며 기도했습니다. "그동안 교인들이 얼마나 속았는가!" 하고 온종일 울면서 기도했습니다. 그때 사경회를 하는데 200명이나 모이는 교회에 이 목사가 설교는 하지 않고 울면서 자꾸 기도만 하였습니다. "이따위 놈이 무슨 목사오니까!" 하고 자꾸 울면서 한 시간 동안이나 기도했습니다. 성도들은 "저 목사 사경회는 안 하고 울고만 있다. 저 목사 이번에는 달라졌구나" 하고 수군거렸습니다. 예배당이 꽉 찼습니다. 달라졌다는 소문이 나니까 "가 보자, 가 보자" 하고 자꾸 모여들었습니다.

믿음을 샀습니다. 회개하고 샀습니다. 믿음이 서푼 어치도 못 되는 사람은 천당이 있는지 없는지 확신이 없어서, 천당이 있었다 없었다 합니다. 주님께서는 도마에게 옆구리를 보이며 믿게 하려고 했습니다. "이제도 안 믿느냐?" "나의 주님이시요 나의 하나님이시니이다." 하나님께서 베드로에게 주시던 믿음을 우리에게는 안 주시겠습니까? 우리도 불에 연단한 믿음, 불을 이기는 믿음을 얻어야 하겠습니다. 온 세상을 이기는 믿음을 얻어야 하겠습니다.

하나님께서는 "흰옷을 사서 벌거벗은 수치를 면하라" 하셨습니다. 루터가 하루는 생각해 보았습니다. 자기의 시기하는 것이 옳지 않은 줄 깨달았습니다. 이 시기 때문에 하나님 앞에 간절히 목마른 것같이 기도했습니다. "이 시기하는 것, 혈기를 면하게 해 주십시오. 이 죄의 자리에서 살기를 원치 않습니다." 하나님의 위로를 받기 전까지 쉬지 않았습니다. 오늘 이곳에도 청년이 있는데 그렇게 합니까?

하나님의 집에는 금그릇, 은그릇, 나무그릇이 있다고 했습니다. 여러분은 무슨 그릇이 되고자 합니까? 나를 깨끗하게 하여서 하나님이 긴하게 쓸 만한 사람이 되어야 하겠습니다. "이 음란한 마음, 이 시기하는 마음, 이 안에 혈기가 이렇게 많사오니 고쳐 주십시오."

하나님께서 이 죄를 이기려고 애쓰다가 망하라고 우리를 부르셨습니까? 흰옷은 무엇입니까? 기생 라합이 거룩하게 되고, 살인한 모세가 거룩하게 됐으면 하나님께서는 우리를 거룩하게 하실 것입니다. 천한 자리를 떠납시다. 시기, 교만, 혈기에서 떠나야 하겠습니다. 여보시오, 부끄럽지 않습니까? 마음을 보시는 하나님 앞에서 음욕과 모든 악독한 마음을 품고 있으면 어떻게 합니까? 모세와 같이, 다니엘과 같이 거룩하고 깨끗한 옷을 입어야 하겠습니다.

또한 하나님께서는 "안약을 사서 눈에 발라 보게 하라" 하셨습니다. 낮에 별이 없습니까? 별이 있기는 있지만 우리 눈에 뵈지 않습니다. 그러나 천체망원경으로 보면 보입니다. 여러분 눈에 천당이 없는 것은 여러분이 보지 못하는 것이지, 천당이 없는 것이 아닙니다. 예수님께서 "내가 가서 너희 있을 곳을 예비하겠다" 하셨습니다. 그래도 천당이 없겠습니까? 예수님이 거짓말하셨습니까? 하나님의 아들 예수님께서 "하늘 위에 있을 곳이 많으니" 하신 것은 우리를 속이느라고 그랬습니까? 정말 속였다면 예수는 큰 죄인이 되겠습니다. 속였다면 여러분은 참 미련한 사람이 되겠습니다. 여러분의 눈이 어두워 보이지 않는 것입니다. 성경이 없는 것을 있다고 하겠습니까? 있고 말고요. 정말 없다면 이 성경은 다 불살라 버려야 합니다. 그러나 성신을 받고 보면 있습니다. 이 안약을 사서 발라 보십시오. 사람들이 없다고, 없다고 해서 없어지느냐? 천당은 분명코 있습니다.

마지막으로 요한계시록 3장 19-20절에 보면 "무릇 내가 사랑하는 자를 책망하여 징계하노니 그러므로 네가 열심을 내라 회개하라 볼지어다 내가 문 밖에 서서 두드리노니 누구든지 내 음성을 듣고 문을 열면 내가 그에게로 들어가 그와 더불어 먹고 그는 나와 더불어 먹으리라" 하셨습니다. 자기가 눈먼 것 벌거벗은 것을 깨닫고 회개하면, 주님께서 그 사람의 마음 안에 들어가서 먹고 마시고 주님이 미워하는 것은 우리도 미워하게 됩니다. 여보시오, 천하가 다 내버려서 바울이 옥중에 있었지만, 다니엘이 사자굴에 있었지만, 그들은 주님과 함께 있었으므로 조금도 두려워하지 않았습니다.

주님과 같이 있는 것이 얼마나 기쁜 일입니까? 죄악에서 떠나서, 벌거벗은 데서 떠나서, 아름다운 흰옷을 입고 하나님과 함께 거하는 이 되시기를 간절히 바랍니다.

신자의 즐거움

빌립보서 4장 4-7절

> 주 안에서 항상 기뻐하라
> 내가 다시 말하노니 기뻐하라(빌립보서 4:4)

동양 어떤 성현의 말씀에 세 가지 즐거움이 있다고 했으니, 위로 하늘을 두려워하지 아니하고 아래로 사람에게 부끄러워 아니하는 것이 첫째 즐거움이요, 부모와 형제가 모두 생존한 것이 한 가지 즐거움이요, 천하의 영재들을 많이 가르쳐 기르는 것이 또 한 가지 즐거움이라 하였습니다. 그러나 믿는 자에게는 믿지 않는 자가 깨닫지 못하는 즐거움이 여덟 가지가 있습니다.

첫째는 감응感應의 낙입니다.

이것은 곧 하나님이 우리의 기도를 들으시기에 누리는 즐거움입니다. 어느 나라 백성이든지, 임금에게 상소하여 응답

3장_좁은 문으로 들어가라

을 받으면 그 백성의 즐거움은 비할 데 없을 것입니다. 하물며 천지의 대주재가 되시는 하나님께서 그 기도를 들으사 응답해 주시면, 그 즐거움을 무엇으로 비교할 수 있겠습니까?

옛날에 어떤 임금이 7년 동안 비가 오지 아니할 때, 자기를 낮추어 하나님께 잘못한 것을 자복하고 구하는 중에 응답하시사 비를 주실 때, 그 임금은 비가 오는 것보다 하나님께서 자기의 기도를 응답해 주신 사실에 얼마나 즐거워했겠습니까! 임금도 자기의 기도를 들어주신 것을 즐거워하였거든, 하물며 우리의 믿음으로 하나님이 기도를 들으셔서 이루어 주실 때 그 얼마나 즐겁겠습니까! 하나님께서 우리의 기도를 들으신다고 하면 무엇이 이보다 더 크고 영광스럽고 즐거운 일이겠습니까. 이것은 신자의 가장 즐거워할 일이요, 신자의 권위를 나타내는 일입니다.

성경을 보면, 히스기야 왕이 성전에서 밤이 맞도록 눈물을 흘리며 기도한 결과로 앗수르 왕의 수모를 면하고 어려운 일이 변하여 즐거움이 된 것도 감응이 즐거움입니다. 또한 모르드개와 에스더도 기도하여 하만의 화를 면하여 슬픔이 도리어 즐거움이 되었으며, 근심이 변하여 즐거움이 된 것도 감응의 즐거움입니다. 우리도 어려운 일을 당할 때 기도함으로 어려운 일이 변하여 즐거움이 되도록 해야 합니다.

둘째는 도道를 깨닫는 즐거움입니다.

믿음이 유치한 교인은 성경의 맛을 몰라서 다른 이들의 권면을 이기지 못하여 몇 장 보기는 보나 무슨 말인지 모르고 봅니다. 하지만, 성경의 그 깊은 이치를 성령의 감화로 깨달으면 그 말씀은 꿀송이보다 더 달고 정금보다 더 귀하다 하였습니다(시편 19:1). 이와 같이 성경의 말씀은 냄새와 맛이 주는 말할 수 없는 즐거움이 있어 우리를 영화롭게 하고, 윤택하게 하며, 힘을 주시고, 장성케 하고, 영생케 합니다. 성경을 알게 되면 하나님의 경륜을 알게 되며, 하나님의 능력을 깨닫게 되며, 하나님의 지혜를 배우게 됩니다. 이것이 곧 성경입니다.

사람들은 지혜가 높고 학문이 높은 사람에게서 그 말하는 바를 듣고자 합니다. 다만 들을 때의 유쾌함으로 볼 때, 우주에 지혜가 충만하고 모르는 것이 없으신 하나님의 교훈이 어찌 인간의 즐거움을 주지 못하겠습니까? 그러나 성경에 취미를 붙이지 못한 이는 맛이 없다고 합니다. 이것은 비유컨대, 자신이 앓고 있을 때 단 꿀이 입에 쓴 것과 같습니다. 그 꿀이 쓴 게 아니라, 내 입맛이 없는 까닭입니다. 이와 같이 성경말씀이 재미 없는 것이 아니라, 그 사람의 믿음이 병들어서 재미 없는 것입니다. 그러므로 성경이 재미 없다는 사람은 반성하여 다시 말씀을 깨닫는 맛을 얻기 바랍니다.

셋째는 극기克己의 낙입니다.

혹자는 풍금을 치며 즐겁다 하고, 혹자는 아름다운 여자를 즐겁다 하고, 혹자는 이기고서 즐겁다 하되, 오직 신자에게는 자기 마음속에 있는 원수를 이기는 즐거움이 가장 큰 즐거움입니다. 원수가 무엇입니까? 곧 교만입니다. 이 교만은 자기를 지옥으로 이끌고, 뭇사람에게 미움을 받게 하는 것입니다. 교만하여 다른 사람을 업신여겨, 업신여기는 씨앗을 심었은즉 그 몇 배를 거둘 것은 가히 알 것입니다. 이 교만을 이기고 겸손한 자리에 앉게 되면 나보다 나은 사람에게는 모든 것을 배워서 지혜 있는 자가 되고, 나보다 못한 자에 대해서는 불쌍히 여기고 위로하며 도와주게 되니 하나님 앞에 가도 설 만하고, 뭇사람에게도 대접을 받을 만한 것을 이루었으므로 즐거움이 되는 것입니다.

또 자기에게 있는 음욕을 이기는 즐거움이 있습니다. 뭇사람이 음란한 바다에 빠져서 눈은 여자로 더불어 노는 것으로 번지하며, 귀는 더러운 소리를 듣는 것으로 영혼을 더럽게 하며, 정신과 마음과 생각과 뜻이 음란한 일에 처하여 쉬지 않고 죄를 짓는 것이 마치 구더기가 더러움 속에서 춤추며 즐거워하는 것과 같습니다. 이 일을 썩은 흙같이 여기고, 음란한 죄악에 빠진 여자를 사모할 것이 아니라 불쌍히 여겨 구원하고자 하는 마음이 불길같이 일어나니 이는 비록 땅에서 먹고 입되 하나님 나라에 있는 천사와 같이 거룩합니다. 할렐루야, 찬송할 즐거움입니다.

넷째는 교인을 양성하는 즐거움입니다.

신자가 다른 사람을 주께로 인도하고 가르치는 것이 사람이 보기에는 쉽고 아무 재미가 없는 것 같으나, 그 가운데 즐거움이 있습니다. 비유하면, 부인이 아기를 많이 낳아서 기르는 수고가 많으나 그 즐거움은 날로 더하여 어린아이의 자라는 것을 보고 수고를 잊어버리는 것과 같습니다. 전도 받은 사람이 어린아이 같은 태도에서 변하여 장성하여 가는 것을 지켜보는 즐거움은 자녀를 양성하는 부인의 즐거움과 같은 것입니다.

얼마 전까지 찬양을 못하던 교인이 찬양하고, 기도를 못하던 교인이 기도하고, 성경말씀을 모르던 교인이 성경으로 남을 가르치고, 직분이 무엇인지 모르던 교인이 믿어서 중한 직분을 받아 하나님을 영화롭게 합니다. 이를 볼 때 하나님께 영광을 돌리는 즐거움은 가히 비할 것 없이 큽니다.

다섯째는 환란 중에 위로해 주는 즐거움입니다.

신자가 주를 위하여 환난을 받게 될 때 사람들은 그가 환난을 받는 줄 아나, 그런 중에도 신자에게는 사람들이 모르는 안위安慰의 즐거움이 있습니다. 바울이 옥에 갇혔을 때 즐거워한 것은 다름이 아니라 다른 죄인들은 죄로 인하여 갇혔지만, 자신은 주의 도리를 위하여 갇혔으므로 그 욕이 도리어 상이 될 것을 즐거워했습니다. 또한 바울은 그 고난으로 복음이 더욱 증거됨으로 인하여 즐거워했으며, 그 고난을 겪어냄으로 남이 고난을 겪을 때 속히 위로할 만한 자가 될 것으로 인하여 즐거워했습니다. 우리도 환난 중에 안위할 만한 즐거움이 있음을 깨달아야 할 것입니다.

여섯째는 영생의 즐거움입니다.

사람들이 가장 슬퍼하며 두려워하는 것은 죽음입니다. 죽은 후에는 영영 없어지는 것으로 생각하고 두려워하되, 믿는 자는 요한복음 3장 16절의 말씀을 믿고 믿음으로 세상을 떠나면, 이 세상보다 억만 배나 큰 영생하는 것을 맛보고 즐거워하는 것입니다. 영생은 이 몸을 벗은 후에 영혼 곧 속사람, 다시 말하면 정신과 마음과 생각과 뜻과 성품이 이 몸을 벗어나서 하나님 계신 곳에 가서 괴로움이 없고 평안함이요, 슬픔이 없고 즐거움이 있으며, 욕이 없고 영화가 있으며, 병이 없고 건강하며, 죽음이 없고 영원히 사는 것이며, 밤이 없고 낮뿐이며, 원수가 없고 사랑만 있는 곳에서 무궁토록 그 영화를 누리는 즐거움이니 이 어찌 즐겁다 아니하겠습니까? 그러므로 신자에게는 죽는 것이 마치 배를 타고 먼바다를 건너와서 고향에 내리는 것 같은 즐거움이 있습니다.

일곱째는 주님과 함께 하는 기쁨입니다.

천한 사람이 귀한 사람과 같이 있는 것을 즐겁다 하고 어진 친구를 만나 같이 있으면 즐겁다 하나, 신자가 하나님의 아들과 같이 있게 되면 그 즐거움은 어찌 다 말할 수 있겠습니까? 다니엘이 사자굴에 있을 때 주님께서 사자의 입을 봉하여 해롭게 못할 적에 비록 사자굴에 있었으나 즐거워하였을 것이요, 다니엘의 친구 세 사람은 비록 풀무불 가운데 있었으나 주님이 함께하셔서 불이 그들을 해롭게 못할 때에 즐거워하였을 것입니다. 요한이 밧모섬에 유배를 갔으나 주께서 함께하셔서 계시를 나타낼 때 즐거워하였을 것입니다. 이와 같이 우리도 때를 막론하고 주님께서 함께하셔서 혹 암시로 성경의 오묘한 이치를 알게도 하시고, 말할 수 없는 깊은 이치를 보여 주시기도 하고, 강론할 좋은 제목을 알려 주시기도 하고, 실수할 것을 붙들어서 실수하지 않게도 하시고, 잘못하면 통회하는 마음도 주시고, 우리의 소망되는 하늘나라를 보여 알게도 하시는 즐거움이야말로 어떠하다고 말할 수 있겠습니까? 주와 함께하면 무엇이 두려우며, 무엇이 부족하겠습니까? 신자는 이보다 더 큰 즐거움이 없습니다.

여덟째는 만물을 관찰하는 즐거움입니다.

사람들이 자연만물을 볼 때 꽃이나 초목이 무성하고 만발할 때 나타나는 빛을 보고 좋다고 합니다. 하지만, 그보다도 더 오묘하고 놀라운 일은 모든 꽃은 땅에서 올라오는 것인데 각각 그 종류를 따라 색이 다르며, 나무는 각각 종류를 따라 구별되게 한 것과 모든 실과는 그 종류를 따라 맛이 다른 것과, 짐승은 그 종류를 따라 모양이 다른 것입니다. 또한 바다에서 물을 끌어 올려 구름을 만드시고 비를 주시되 폭포와 같이 하지 않고 방울방울 내려 초목에 해를 주지 않고 유익하도록 한 것이며, 추울 때는 얼음장으로 내리지 않고 하얀 꽃 모양으로 눈을 내려 다치지 않도록 한 것이며, 해와 달과 별을 궤도를 따라 운행하도록 한 것입니다. 인생에게 가장 특별한 지혜를 주어서 만물의 영장이 될 만하다 한 인간이 어디서 왔는지를 깨닫지 못하는 자는 무미無味하게 보이는 것입니다. 오직 신자는 대주재 되시는 우리 하나님 아버지의 주장이심을 깨닫는 동시에 만물을 볼 때마다 찬송치 아니할 것이 없으며, 그 지혜와 공의와 능력과 절제를 배우지 않을 것이 없으며, 심중에 솟아나는 즐거움과 감사함이 가득합니다.

마지막으로, 이 즐거움은 수고가 지나간 후에 오는 참기쁨입니다. 기도하는 수고가 없이는 '응답받는 즐거움'이 없을 것이고, 성경 공부하는 수고가 없이는 '말씀을 깨닫는 즐거움'이 없을 것이고, 교인을 인도하는 수고가 없이는 '교인을 양성하는 즐거움'이 없을 것이고, 자기를 이기려고 하나님 앞에 직고하는 수고가 없이는 '극기의 즐거움'이 없을 것입니다. 또한 순복하는 수고가 없이는 '주님과 함께하는 기쁨'이 없을 것이고, 주를 위하여 핍박받는 수고가 없이는 '환난 중에 위로해주시는 즐거움'이 없을 것이고, 성신의 감동하심을 따라 수고함이 없이는 '영생하는 즐거움'을 깨닫지 못할 것이고, 만물을 연구하는 수고 없이는 '만물을 관할하는 즐거움'도 없을 것입니다. 이 즐거움을 누리고자 한다면, 수고를 아끼지 마십시오. 다 이 즐거움으로 지내시기를 바랍니다.

부활운동. 제5권 2호. 1939. 2.

서로 사랑하라

고린도전서 13장 1-13절

> 그런즉 믿음, 소망, 사랑, 이 세 가지는 항상 있을 것인데
> 그 중의 제일은 사랑이라(고린도전서 13:13)

주님께서 교회에 계명을 주시며 말씀하시기를, "새 계명을 너희에게 주노니 서로 사랑하라 내가 너희를 사랑한 것 같이 너희도 서로 사랑하라 너희가 서로 사랑하면 이로써 모든 사람이 너희가 내 제자인 줄 알리라"(요한복음 13:34-35) 하셨습니다.

성신이 밝히 말씀하시기를, "내가 사람의 방언과 천사의 말을 할지라도 사랑이 없으면 소리 나는 구리와 울리는 꽹과리가 되고 내가 예언하는 능력이 있어 모든 비밀과 모든 지식을 알고 또 산을 옮길 만한 모든 믿음이 있을지라도 사랑이 없으면 내가 아무 것도 아니요"(고린도전서 13:1-2) 하셨습니다. 지식이 많고, 모든 학문을 통달할지라도 사랑이 없으면

아무것도 아닙니다. 믿음이 산을 옮기고, 구제하기를 위해 몸을 불사를지라도 사랑이 없으면 아무것도 아닙니다. 교회의 제일 되는 것은 사랑입니다. 성신 받은 제일 증거는 사랑입니다. 사도들이 다락방에서 성신 받은 제일 되는 증거가 나타난 것은 서로 사랑하고 구제하며 모든 물건을 서로 통용한 것이었습니다. 우리가 주님을 사랑하는 것은 주님이 우리를 사랑하기 때문입니다. 내 마음속에 다른 것, 지혜나 학문적인 지식이 있다 해도 내 마음속에 사랑이 없으면 아무것도 아닙니다. 사랑이 제일 요긴합니다.

사랑을 이해해야 합니다. 가령 사랑에도 거짓 사랑이 있고, 참 사랑이 있고, 깊은 사랑, 옅은 사랑이 있습니다. 어떤 사랑은 장사하는 사랑이 있습니다. 조그마한 것 주고 큰 것 받으려는 사랑이 그것입니다.

참 사랑 중에는 두 가지 사랑이 있습니다. 하나는 육적인 사랑이요, 하나는 영적인 사랑입니다. 예수님께서 세상에 계실 때 이 두 가지 사랑을 다 하셨습니다. 예수님께서는 불쌍한 사람을 볼 때 차마 견딜 수가 없어서 그 불쌍한 병자들을 고쳐 주셨습니다. 육신의 고통을 받는 병자, 눈먼 소경, 절름발이, 반신불수, 모든 고통 중에 신음하는 그 환자들을 볼 때 불쌍한 마음이 생겨서, 그 육신을 사랑하는 마음이 생겨서 다

고쳐 주셨습니다. 고칠 수 있으니까 다 고쳐 주셨습니다. 떡 다섯 덩이와 생선 두 마리로 5,000명을 먹이신 이적을 행하신 것도, 그 많은 무리가 여러 날 동안 잘 먹지도 못하고 따라다니면서 시장하고 곤고한 것을 보고 민망히 여기셔서 떡 다섯 덩이를 축복해서 그 많은 무리를 배불리 먹게 하신 것입니다. 그 육신을 생각하셔서, 사랑을 이기지 못해서 세상에 계실 때 이적과 기사를 많이 행하셨습니다.

먼저 육신의 사랑에 대하여 좀 생각해 봅시다. 예수님께서 말씀하셨습니다. "내가 주릴 때에 너희가 먹을 것을 주었고 목마를 때에 마시게 하였고 나그네 되었을 때에 영접하였고 헐벗었을 때에 옷을 입혔고 병들었을 때에 돌보았고 옥에 갇혔을 때에 와서 보았느니라." 그러자 한 사람이 다음과 같이 물었습니다. "선생님, 제가 언제 그와 같이 했습니까? 주님께서 언제 병들었으며, 언제 갇히셨고, 언제 주리셨습니까? 주님께서 언제 헐벗었습니까? 제가 언제 주님을 그와 같이 내접하였습니까?" 예수님께서는 "내가 진실로 너희에게 이르노니 너희가 여기 내 형제 중에 지극히 작은 자 하나에게 한 것이 곧 내게 한 것이니라" 하셨습니다(마태복음 25:35-40).

주님께서 또 한 사람에게 말씀하셨습니다. "내가 주릴 때에 너희가 먹을 것을 주지 아니하였고 목마를 때에 마시게 하지 아니하였고 나그네 되었을 때에 영접하지 아니하였고 헐벗었을 때에 옷 입히지 아니하였고 병들었을 때와 옥에 갇혔을 때에 돌보지 아니하였느니라." 그 사람이 물었습니다. "선생님, 주님께서 언제 굶으셨습니까? 주님께서 배고픈 줄만 알면 제가 대접했지요. 주님께서 언제 헐벗었습니까? 주님께서 헐벗은 것을 제가 보았으면 옷을 드렸지요. 주님께서 언제 병드셨습니까? 주님께서 병들었으면, 제가 위로해 드렸지요. 저는 도무지 주님께서 그렇게 고생하시는 것을 못 보았습니다." 주님께서 말씀하셨습니다. "지극히 작은 자 하나에게 하지 아니한 것이 곧 내게 하지 아니한 것이니라. 그들은 영벌에, 의인들은 영생에 들어가리라"(마태복음 25:41-46).

예수 믿는 사람들이 육신은 사랑할 것이 아닌 줄 알고, 육신은 별로 상관이 없는 줄 아는 이가 많습니다. 예수님께서는 육신도 사랑해야 하고, 육신도 상관있는 줄 알기 때문에, 육신의 사랑을 친히 행하셨습니다. 누가 병들었을 때 찾아가 돌보아 주는 것이 얼마나 고마운 일입니까? 혼자 괴로운 병석에 누워 신음할 때 사랑하는 친구가 와서 음식을 권하고 부축해 주고 위로해 줄 때 얼마나 고마운 일입니까? 의사가 와서 친절히 진찰해 줄 때 병이 다 도망하는 것과 같습니다.

내가 병들었을 때 와서 친절히 위로해 주던 이가, 후에 내게 욕하고 시비해도 대답할 마음이 없는 것은, 병들었던 그때 진정으로 사랑해 주었기 때문에 "아마 내가 정말 잘못한 일이 있나 보다" 하고 참고 용서하게 됩니다. 지난여름 제가 집에서 한 달 동안 앓을 때, 다른 이도 친절하게 많이 위로해 주었지만 제 아내는 더욱 정성껏 간호해 주었습니다. 그때 도와준 것이 너무도 고마워서 그 후부터 제 아내가 무슨 말을 해도 저는 아무 대답도 못합니다.

우리가 믿는다고 하면서, 사랑한다고 하면서, 또 그 형제를 위해서 "간절히 구하옵니다. 간절히 구하옵니다" 하면서 진정으로 육신의 사랑을 행하지 않으면 아무것도 아닙니다. 그 친구가 병들어 누웠는데 의사를 청할 수 없는 형편이면, 그저 말로만 불쌍하다고 하지 말고 그 친구를 위해서 다른 친구에게 구걸해서라도 돈을 모아 의사를 청해 주면 그 친구가 얼마나 고마워하겠습니까? 또 그 식구를 돌보아 주면 얼마나 고마워하겠습니까? "아이구, 교회가 아니었으면 난 이번에 죽을 뻔했구나! 너를 이렇게 도와주니 하나님의 은혜에 참 감사합니다" 하고 진정으로 찬송할 것입니다.

제 이야기를 하기 미안하지만 한마디 하겠습니다. 제가 신천에 있을 때입니다. 지금과 같이 추울 때 어떤 지나가던 사람이 찾아와 말씀을 들으러 왔다 하면서 여러 가지를 묻고 가려고 합디다. 추울 때 홑옷을 입고 가려고 해서 "날도 저물었으니 자고 이야기나 더 하고 가라"고 붙잡아 저녁을 대접하고 밤에 더 이야기한 후, 그 이튿날 아침에 떠날 때는 제 새 옷을 한 벌 주었더니 그이는 정말 고마워 울먹울먹하면서 입고 갔습니다. 그 후 몇 해 동안 아무 소식이 없었습니다. 몇 해 후에 어떤 곳에 부흥회를 하러 갔는데, 그이가 거기서 제 손목을 잡고 반가워하며 울면서 "내가 전도사 되었소" 합디다. 옷한 벌로 전도사를 샀습니다. 이렇게 옷 한 벌로 전도사 한 사람씩만 얻을 수 있다면, 옷을 몇백 벌 몇천 벌이고 만들어서 나누어 주고 싶습니다.

육신의 사업이 없는 이를 위해서 생각해 봅시다. 식구는 많고, 할 사업은 없으니 큰일입니다. 그런 형편에 있는 이를 위해서 동정할 마음이 나지 않습니까? 육신의 직업을 위해서 우리는 서로 도와주어야겠습니다.

제가 신천에 있을 때입니다. 어느 형제가 "살 수가 없어서 부득이 떠나야겠다"고 작별인사를 하러 제게 와서 울면서 이야기할 때, 제가 잠깐 기다리게 한 후 어떤 사람에게 말하여 취직시켜 준 일이 있습니다. 그이는 지금 큰 부자가 되었습니다. 제가 얼마 전에는 그이를 만나서 잘 대접받았습니다. 그때 제가 그를 위해 눈물을 흘리지 않았다면 그가 얼마나 섭섭

했겠습니까? 내 딸, 내 아들의 형편이 그렇다면 가만히 있겠습니까? 부모에게서 난 형제자매도, 예수 그리스도의 보혈로 난 형제자매도 모두 소중합니다. 그리스도의 형제간에 서로 육신적으로 동정하고 사랑합시다.

어느 교회에 가서 이상한 것을 보았습니다. 교인들이 제1대에서 제5대까지 대를 지어 가지고, 교인 중 누가 병들었으면 첫날에는 제1대가 심방하여 위로하고, 그다음 날은 제2대가 심방해서 위로하고, 제3-4대가 이렇게 다 가보는 것입니다. 뉘 집 상이 났으면 제1-3대가 심방하는 것을 보았습니다. 시간이 바쁜 이들은 이렇게 해서라도 다 심방하며 서로 사랑하는 것이 얼마나 좋은 일입니까? 부잣집이나 권세 있는 집에 초상이 나면 여러 사람이 몰려들어 다 가지만, 가난한 집에 초상이 나면 겨우 목사나 가고 다른 이들은 안 가는 일이 많습니다. 이래서는 안 되겠습니다. 예수님과 같이 사랑이 겉으로 나타나야 하겠습니다. 숨은 사랑도 있겠지만, 나타내지 않으면 안 될 사랑은 서로 주고받아야 하겠습니다.

둘째로는 영적인 사랑입니다.

주님께서 "네 몸과 같이 사랑하라" 하셨습니다. 우리 몸이 병들었을 때 어떻게든지 고치려고 하지 않습니까? 마찬가지로 어떤 이가 믿음에 병들었을 때 그 병을 고쳐 주려고 애를

써야 하겠습니다. 어느 낙심한 형제가 있으면 베어 버리려고만 하지 말고, 위로하고 권면해서 고치도록 해야겠습니다.

제가 신천교회에 있을 때, 교인 중에 낙심한 이가 너무 많아서 책에 다 기록해 놓고 예배드릴 때 교인들에게 한 사람씩 맡겨 전도하기로 했습니다. 한 사람씩 이름을 불러 가면서 "이 사람은 누가 맡겠소?" "이 사람은 누가 맡겠소?" 해서 다 맡겼습니다. 그런데 그중에 믿다가 낙심해 술장사하는 이가 있었는데 아무도 그이를 맡지 않고, 어떤 이가 "그 부인은 목사님이 맡아 인도하시오" 해서, 제가 그이를 위해서 기도했습니다. 기도하기는 하면서도 다시 믿을 것 같지 않았지만, 또 기도하고 또 기도했습니다.

한번은 사경회를 하는데, 그 부인을 위해서 눈물이 나기까지 기도했습니다. 그 부인을 기어이 인도해야겠다 하고 금식기도도 했습니다. 어느 날 아침에는 견딜 수가 없어서 아침에 조반도 안 먹고 찾아갔습니다. 그 부인은 담배를 피우다가 감추면서 나보고 반가이 맞으며 "오라버니 오십니까? 들어갑시다" 합디다. 저는 들어가 눈물로 울먹울먹하면서 "술장사가 웬 말이오" 하고 우니까, 그 부인도 그만 참지 못하고 따라 대성통곡하면서 담뱃대를 꺾어 버리고 술을 다 없애고, 그날부터 예배당에 다니고 술장사 그만두고, 예수를 잘 믿어서 지금은 전도부인[1]이 되었습니다. 제가 제 이야기해서 미안합니다만 사실이고, 예를 드는 것이 유익할 줄 알아 이야기합니다. 손가락이 앓는다고 베어 버리려고만 하지 마십시오. 고치기만 하면 요긴하게 쓰지 않겠습니까?

어떤 사람의 삼촌이 술만 취하면 어떻게나 못되게 구는지 온 집안을 못살게 구는 심한 술주정꾼이었습니다. 그 조카는 "저이를 어떻게 하면 건질까" 하고 계속 기도해서, 일 년 지내어 참으로 회개하여 두 부부가 다 예수 믿게 되었습니다. 손가락 앓는다고 팔을 찍는 것보다, 고쳐 놓으면 얼마나 기쁜 일입니까? 우리가 왜 낙심한 이, 죄짓는 이를 미워합니까? 우리가 법관입니까? 우리는 다 십자가 아래 있는 사람이올시다. 그이를 위해 불쌍히 여기고, 위로해 주고, 건져 주지는 못할망정 왜 미워합니까? 규칙, 규칙, 규칙만 찾고 미워하는 것이 내 직책이 아닙니다. 그 사람을 위해 기도는 못해 줄망정 왜 미워합니까? 남이 죄지었는데 왜 미워합니까? 결단코 미워해서는 안 되겠습니다.

모세가 이스라엘 백성을 인도하여 애굽에서 나올 때 이스라엘 백성들이 모세를 원망하고 금송아지를 만들어 우상을 섬기자, 모세는 산에 올라가 그 백성을 위해 기도하지 않았습

---

[1] 한국 교회 초기의 여성 전도자들을 일컫는 호칭.

니까(출애굽기 32장)? 그때 하나님께서 모세에게 "내가 하는 대로 두라 내가 그들에게 진노하여 그들을 진멸하고 너를 큰 나라가 되게 하리라"(출애굽기 32:10) 말씀하셨습니다. 그러나 모세는 "아닙니다. 그럴 수가 있습니까? 이제 멸하시면 하나님이 능력이 없어서 다 죽었다고 하지 않겠습니까?" 하고, 잘 믿는 이를 위해서 기도하지 않고 잘 못믿는 이, 죄에 빠진 이들을 위해서 40일 동안이나 애써 기도함으로써 하나님의 뜻을 돌이키고야 말았습니다. 예수님은 악한 사람을 위해, 죄지은 사람을 위해 못 박히지 않았습니까? 예수 그리스도의 종들이 어찌하여 그 죄지은 사람을 위하여 기도하지는 못할망정 미워하겠습니까?

어떻게 해서든지 한 사람이라도 지옥에 보내지 않으려는 것이 하나님의 뜻입니다. 여러 모양으로 죄에 빠진 사람을 위해 힘쓰는 것이 참사랑입니다. 사랑이 없으면 아무 쓸 데가 없습니다.

사랑이 없으면 교회가 아닙니다. "새 계명을 너희에게 주노니 서로 사랑하라"(요한복음 13:34). 피라도 흘리기까지 기도해야 하겠는데, 왜 미워합니까? 그 사람이 죄지은 것이 우리에게 무슨 상관이 있어서 미워합니까? 성경말씀에 "사람이 만일 무슨 범죄한 일이 드러나거든 신령한 너희는 온유한 심령으로 그러한 자를 바로잡고 너 자신을 살펴보아 너도 시험을 받을까 두려워하라"(갈라디아서 6:1) 하셨습니다. "시험을 받을까 두려워하라." 얼마나 두려운 말입니까?

예수님 당시에 어떤 음란한 여인이 잡혀 왔습니다. 유대 사람들이 "이 여자가 간음하다가 현장에서 잡혔나이다"고 할 때, 주님은 무엇이라고 말씀하셨습니까? "이 고약한 년! 이 년! 이 더러운 년! 저런 년을 그대로 두어? 당장 때려 죽여라"고 하셨습니까? 아닙니다. "너희 중에 죄 없는 자가 먼저 돌로 치라"(요한복음 8:7) 하셨습니다. 모든 사람이 스스로 생각해 보니 주님을 등불로 삼아 자기 마음에 비추어 살펴보니 모두 죄가 있어서 다 흩어지고 예수님과 그 죄지은 여인만 남았습니다. 이때 예수님은 "나도 너를 정죄하지 아니하노니 가서 다시는 죄를 범하지 말라 하시니라"(요한복음 8:11) 하고 돌려보내셨습니다. 어떤 위엄, 어떤 법률도 그 사람의 죄를 없애 주지는 못합니다. 다만 사랑이 죄를 용서해 주고, 사랑이 회개하게 해 줍니다.

바람과 태양이 지나가는 사람의 의복을 벗기는 내기를 했습니다. 바람이 아무리 위엄 있게 불어 지나가는 사람의 옷을 벗기려 했지만 끝내 벗기지 못했습니다. 그러나 태양이 아주 따뜻하게 내리비춰 줄 때, 그 사람은 더우니까 자연스레 옷을 벗었습니다.

서양에서 어떤 주정뱅이가 술이 잔뜩 취하여 길에서 자는데, 여름날의 태양이 내리쪼여서 얼굴이 시뻘겋게 된 것을 보고, 지나가던 한 부인이 자기 손수건으로 그 얼굴을 가려 주고 갔습니다. 얼마 후에 그 사람이 깨어 보니 누가 가려 주었는지 자기 얼굴에 손수건이 덮여 있는 것을 보고 "누가 나 같은 놈도 사랑하는 이가 있구나. 이것은 분명코 예수 믿는 이가 했구나" 하고 눈물을 흘리며 회개하여 예수를 믿은 후, 목사가 되어서 술 먹는 사람만 수천 명을 구원시켰다고 합니다.

남이 죄에 빠진 것을 보면 어떻게 도와줄까 하고 여러 모양으로 건지려고 애써야겠고, 실수하는 것이 있으면 감싸 주어야겠다고 생각해야겠습니다. 그 사람이 실수하는 것을 좋은 말로 말해 주는 것이 참으로 친구요, 사랑하는 것입니다.

제가 한번은 전차를 탔는데, 어떤 학생이 저를 보고 자꾸 웃었습니다. 제가 예수 믿는 사람이라고 해서 웃는 줄 알고, 일부러 성경을 꺼내서 보면서 갔습니다. 그런데 이상한 것은 보는 사람마다 나를 보고 자꾸 웃는 것이었습니다. 한참 가는데, 어떤 사람이 올라오면서 "목사님, 어디 가십니까?" 하고 인사한 후, "목사님, 이것은 무엇입니까? 코에 무엇이 묻었습니다. 시꺼먼 것이 묻었습니다" 하면서 수건을 내어 주었습니다. 신문지로 코를 씻었더니 그 시커먼 것이 코에 묻어서 보는 사람마다 자꾸 웃었던 것입니다. 그 친구는 저를 사모하기에 제 허물을 가르쳐 주었습니다. 저를 보고 웃은 것은 저를 미워하는 것입니다. 바로 가르쳐 주는 것이 저를 사랑하는 것입니다. 또 바쁜 중에 와이셔츠 자락이 양복 뒤로 나온 것을 모르고 돌아다녔는데, 다른 사람은 자꾸 웃기만 했으나 저를 잘 아는 어떤 친구는 "목사님, 와이셔츠 자락이 나왔습니다" 하고 가르쳐 주어서 얼마나 고마웠는지 모릅니다.

남의 허물을 말해 주면 좋아하는 이도 있고, 좋아하지 않는 이도 있습니다. 어떤 이는 예배당에서 조는 것을 깨워 주는데도 불쾌하게 여기는 것을 보았습니다. 헤롯은 자기 허물을 가르쳐 주는 요한을 목 베어 죽이지 않았습니까? 그러나 우리는 그 일을 해야 하겠습니다. 그 친구가 불쾌하지 않도록 조용히 찾아가서 간절한 말로 하는 것이 좋을 듯합니다. 우리 중에 기도하는 것을 보고 흉보는 이가 있습니다. 어떤 이는 기도할 때 "어허! 하나님! 어허! 주여! 어허! 감사합니다" 이렇게 한다고 흉을 보고 웃고 그럽니다. 또 어떤 이가 기도할 때, "좀 더 주시옵소서, 더 주시옵소서" 하자 다른 이가 "무엇을 조금씩 더 달라고? 기도를 해도 빌어먹게 기도한다"며 비웃고 흉보기만 합니다.

기도를 잘 못하는 이가 있으면, 조용한 자리에서 고치라고 권해야 합니다. 흠 되는 줄 모르고 하는 것을 흉만 볼 것이 아니라 고치라고 얘기해 주어야 합니다. 기도를 도와주는 것이 곧 사랑입니다. 형제를 사랑할 마음이 있으면 도와주어야 합니다.

사랑에는 때리는 사랑도 있습니다. 부모가 채찍으로 가르치는 것처럼, 권면하는 사랑도 있습니다. 사랑하는 마음이 있으면 그 사람을 위해 주어야 합니다. 모든 일에 부끄러울 것이 없도록 해 주어야 합니다. 교회에 사랑이 없으면 마귀 교회입니다. 마귀의 특성은 미워하는 것입니다. 예수님은 겸손하십니다. 교만은 마귀의 교회에만 있을 것입니다. 누가 좀 실수하면 책망만 하고 눈을 부릅뜨고 위엄이 있는 듯이 욕만 하면서, 찬미할 때는 찬미하지 않고 미워만 하니 이것이 교회입니까! 교회에서 풍금을 사다 놓고, 찬양대를 조직하고, 무엇 무엇을 훌륭하게 다 해 놓아도 사랑이 없으면 아무것도 아닙니다.

사랑이 귀한 것입니다. 사랑하는 교회를 만듭시다. 오늘날 한국 교회가 이렇게 냉랭해서는 안 되겠습니다. 이웃집에서 얼어 죽어도 모른 체하니, 이것이 예수 교회입니까! 마치 얼음집같이 멀리서 보면 번쩍번쩍하고 오색이 영롱하며 훌륭해 보이나, 그 속에 들어가 보면 어떻게 추운지 견딜 수가 없습니다. 너무 추워서 모두 달아났습니다. 사랑이 없으니, 추워서 나갈 수밖에 없습니다.

여러분은 하나님을 사랑하십니까? 하나님께서 배고프다고 하시면 여러분은 대접하지 않겠습니까? 여러분이 굶고 못 먹더라도 어떻게 해서든지 대접하지 않겠습니까?

어떤 할머니가 주님을 한 번 뵈옵기를 평생 원했습니다. 주님을 한 번만이라도 뵈옵고 한 번만이라도 대접하면 얼마나 좋을까 하고 늘 마음으로 원했습니다. 하루는 꿈을 꾸는데, 꿈에 주님이 나타나서 "내가 내일 너희 집에 가겠다" 하셨습니다. 깨어 보니 꿈이었습니다. '정말일까?' 하고 근사한 잔칫상을 잘 차려 놓고 아무리 기다려도 안 오십니다. 꿈에는 분명히 오신다고 하셨는데, 웬일일까 하고 온종일 기다려도 아니 오십니다. 저녁때, 기다리던 예수님은 아니 오고, 어떤 헌 옷 입은 거지가 와서 "댁에서 예수 믿습니까? 저도 예수 믿습니다. 하룻밤만 재워 주십시오" 했습니다. 그러자 할머니는 "기다리는 예수님은 안 오시고 웬 거지가 와!" 하고 성이 나서 막대기로 쫓아 버렸습니다. 꿈에 뵈온 예수님은 그날 끝내 오시지 않았습니다.

그날 밤 꿈에 주님이 다시 나타나셨습니다. 할머니가 "주님, 우리 집에 오신다더니 왜 안 오셨습니까?" 하고 원망하니까 주님께서 "아니다. 내가 아까 네 집에 가니까 네가 막대기로 나를 때려 내쫓았다. 아까 네 집에 갔던 그 헌 옷 입은 거지가 바로 나였다. 내가 전에도 말했거니와, 지극히 작은 자 하나를 대접하는 것이 곧 나를 대접하는 것이라고 하지 않았느냐! 그 거지를 대접하는 것이 곧 나를 대접하는 것이다" 하셨습니다. 그때야 할머니는 "그런 줄 알았다면 잘 대접할걸…" 했습니다.

주님은 지금 천당에 계시니 우리가 어떻게 사랑하겠습니까? 옷을 해 보내시겠습니까? 음식을 해서 대접하겠습니까? 우리가 주님을 사랑하는 것은 바로 교회를 위해서 일하는 것과 무엇을 바치는 것, 형제를 도와주고 사랑하는 것입니다. 그것이 제일입니다. 전라도에 있는 어떤 서양 의사 한 분은 환자가 왔을 때 울면서 진찰합니다. "이것이 이렇게 되었으니 얼마나 아팠겠소?" 하고 자꾸 울면서 진찰합니다. 사랑하는 마음이 너무 복받쳐서 환자를 많이 동정했습니다. 수술하면서도, 째면서도 "얼마나 아프겠소?" 하고 울면서 합니다. 사랑하는 마음이 얼마나 많은지, 길에서 문둥병자를 만나 데리고 와서 벽돌 굽는 데 데려다가 두고는 자기 먹을 음식을 내다 주고, 자기는 굶으면서 동정하고 사랑했습니다. 문둥병자를 30여 명이나 데려다 모아 놓고 자꾸 먹이고 입히고 합니다. 다른 선교사들이 본국에 그 사정을 편지로 알려서 돈을 얻어다가 문둥병자들을 위한 병원을 세우게 되었습니다.

이렇듯 불쌍한 문둥병자를 측은히 여기고 사랑하는 것이 곧 주님을 사랑하는 것입니다. 남을 사랑하는 것이 곧 나를 사랑하는 것입니다. 오늘날 진정으로 예수님을 사랑하는 이가 얼마나 됩니까? 예수님을 위해서 생명을 아끼지 않는 이가 얼마나 됩니까? 우리는 자기를 사랑하는 것처럼 주님을 사랑해야겠습니다. 뭇사람을 미워하지 말고 사랑합시다. 이 사랑으로 교회가 다시 살아나기를 바랍니다.

옛날 사도들이 오순절 날에 성령 받은 증거가 무엇입니까? 성령 받은 첫 열매가 무엇입니까? 사랑입니다. 즉 모든 물건을 서로 통용하지 않았습니까? 이것이 육적인 사랑입니다. 그때는 서로 미워하는 마음이 없었습니다. 남이 나를 미워하거나 말거나 다 생각할 것 없이 우리는 예수님과 같이 무조건으로 사랑합시다. 예수님께서 그때 유대 사람들이 미워한다고 해서 같이 미워했던가요? 아닙니다. 가시 면류관을 씌워도, 침을 뱉어도, 욕을 해도, 십자가에 못 박아 죽여도 예수님은 그들을 조금도 미워하지 않았습니다.

사람의 사랑은 변합니다. 어떤 이는 한동안 서로 사랑하더니 얼마 후에 물고 찢고 합니다. 어떤 이는 연애해서 결혼하기에 참사랑인 줄 알았는데, 얼마 후에 이혼합니다. 그러나 주님의 사랑은 변하지 않습니다. 우리는 남이 사랑하니까 사랑하고, 미워하니까 미워하는 것이 보통입니다. 집에서 잔치할 경우 부조扶助한 이에게만 답례로 무엇을 보내는데, 그것도 가져온 만큼, 아니 좀 적게 보냅니다. 혹은 그것마저 잘라 먹는 사람도 있습니다.

제가 제 이야기해서 미안합니다만, 한번은 어떤 시골에서 대장간을 찾아가 전도하는데, 다른 이는 잘 듣는데 대장장이가 시끄럽다며 가라는 것을 계속 전도하니까, 그가 벼름(금속을 두들겨서 잘 펴주는 일)하던 메[2]를 들고 때리려고 해서 제가 그만 도망한 적이 있습니다. 얼마 후에 그 근처에 있는 교회에 사경회를 인도하러 갔을 때 어떤 원두막에 가서 참외를 먹는데, 대장간에서 메로 나를 때리려던 그 사람이 지나가기에 뛰어 내려가서 그를 붙잡고 참외를 먹고 가라고 하면서 데리고 올라와서 참외를 두 개나 잘 대접하였습니다. 그 후 어떤 교회에 가서 사경회를 인도하는데 머리가 하얗게 센 노인이 제게 반갑게 인사를 합디다. 제가 누군지 모르겠다고 하니까,

---

[2] 묵직하고 둥그스름한 나무토막이나 쇠토막에 자루를 박아 무엇을 치거나 박을 때 쓰는 물건.

자신은 메로 때리려고 했던 그 대장장이라고 했습니다. 이제 자기도 예수를 잘 믿는다고 하면서, 그 원두막에서 제가 준 참외 두 개 때문에 예수 믿게 되었다고 했습니다. 모든 사람이 예수를 미워했지만, 오히려 그것이 예수님에게 복이 되었습니다. 참사랑은 자기를 미워하거나 미워하지 않거나 다 사랑하는 것입니다.

요한일서 2장 11절을 보면 "그의 형제를 미워하는 자는 어둠에 있고 또 어둠에 행하며 갈 곳을 알지 못하나니 이는 그 어둠이 그의 눈을 멀게 하였음이라" 하셨습니다. 형제를 미워하는 것이 어두운 데 있기 때문이라고 했습니다.

제가 한번은 어떤 여자 중학교에 가서 사경회를 인도하는데, 학생들에게 기도하라고 해도 안 해요. 첫날 하라고 해도 안 하고, 둘째 날도 아무도 안 하고, 셋째 날도 안 하더니, 넷째 날 아침에 어떤 학생이 일어나 기도하는데 "저는 아무개를 미워했습니다. 말도 하지 않고 미워했습니다. 용서하여 주십시오" 하고 자복했습니다. 또 다른 아이가 일어나더니 "저도 아무개를 미워했습니다. 용서하여 주시옵소서" 하고 기도했습니다. 이렇게 다 기도하고 서로 붙들고 울면서 용서해 달라고 사과하며 반갑게 이야기하는 것을 보았습니다. 그때 어떤 학생은 이런 것을 자복합디다. 자기는 방학 때 시골 고향에 갔는데, 자기 아버지의 첩이 찬미를 가르쳐 달라는 것을 안 가르쳐 주었다고 합니다. 찬송가를 가르쳐 주면 그녀가 예수 잘 믿어 천당 가서 자기 낳은 어머니를 괴롭게 할까 봐 안 가르쳐 주었다고 합니다.

마귀의 아들이 누구입니까? 남을 미워하는 자입니다. 남을 미워하는 자, 의로 행하지 않는 자, 남을 사랑하지 않는 자는 가인의 자손입니다. 남을 미워하는 마음을 품고 기도하면, 하나님께서는 "이 마귀의 자식아! 나는 너의 아버지가 아니다" 하고 얼굴을 돌이키시고 그 기도를 듣지 않으실 것입니다. 찬송을 해도 "이 마귀의 자식아! 찬송 소리 듣기 싫다!" 하실 것입니다. 그 미워하는 마음을 없애야 하겠습니다. 오늘부터 우리 마음속에 다른 사람 미워하는 마음을 없앱시다. 가정에서 소박한 음식을 먹어도 사랑하는 마음으로 지내는 것이 복입니다. 서로 미워하면 소를 잡아먹어도 그 가정은 지옥입니다. 사랑하지 않는 자는 죽은 가운데 있다고 했습니다. 서로 미워하고, 서로 시기하고, 서로 헐뜯고, 이것이 하나님의 교회요, 이것이 사랑이오? 오늘부터 우리는 서로 진정으로 사랑합시다.

제가 하루는 전차를 타고 가는데 어떤 술주정꾼이 저를 쳐다보고 공연히 욕을 하고 때렸습니다. 저는 가만히 참으면서 그이를 위해서 기도했습니다. 그때 제 마음은 조금도 불쾌하지 않고, 좋은 일을 한 것처럼 마음이 좋았습니다. 그이가 저를 복 받게 하려고 그렇게 한 줄로 압니다. 이것 역시 제게는 상 받을 일입니다. 예수님께서 십자가에 못 박히셨기 때문에 구주가 되셨습니다. 만일 주님께서 십자가에 못 박힐 때 "이 벼락 맞아 죽을 놈들아!" 했으면 구주가 되셨겠습니까? 우리는 누가 무어라 욕을 하든지 무조건 용서하고 사랑합시다. 그래야 진정한 사랑입니다. 이 사랑으로 사랑의 교회를 만듭시다!

하나님의 기뻐하시는 아들딸이 되자[1]

너희는 열매 없는 어둠의 일에 참여하지 말고
도리어 책망하라(에베소서 5:11)

우리가 공경하는 신은 해도 아니요, 달도 아닙니다. 우주를 주재하시고, 인간을 나게도 하시고, 죽게도 하시고, 복도 주시고 화도 주시고, 세계를 심판도 하시고, 또한 모든 복이 충만하신 하나님이십니다.

    사람은 매일매일 자기가 잘 되기를 희망하고 그 방법을 연구합니다. 그러나 사람이 잘 되는 방법으로는 하나님의 기뻐하는 아들딸이 되는 것이 제일입니다. 옛날 하나님의 기뻐하는 아들딸 된 사람들의 일을 생각하니 참 놀랄 만합니다. 어떤 사람은 하나님의 기뻐하는 아들딸이 됨으로써 그 자손이

---

[1] 1939년 11월 7일 밤 평양 연희동교회에서 전한 설교.

하늘의 별과 바다의 모래와 같이 많아졌으며, 어떤 사람은 하나님의 기뻐하는 아들딸 됨으로써 육신으로 승천하였으며, 어떤 사람은 전 세계가 멸망할 때 하나님께 구원 얻을 방법을 가르침 받아 식구 여덟 사람이 구원을 얻어 인류의 시조가 되었으며, 어떤 사람은 비록 잠깐 동안 낮아졌지만 장차 흉년이 들 것과 풍년이 들 것을 미리 알아 나라를 구원하고 동족을 구원하였습니다. 어떤 사람은 여인으로서 선지자와 사사가 되어 자기 민족을 구원하였으며, 어떤 사람은 자기 백성이 학살을 당하게 될 때 화를 굴려 복이 되게 하였으며, 어떤 사람은 바다를 육지같이 건넜으며, 반석에서 물을 내고 하늘에서 떡이 내리게 하였습니다. 그 밖에 일일이 말할 시간이 부족합니다. 참으로 참말인가 의심하리만치 놀랄 만한 사실이 많습니다. 우리도 이러한 사람들을 본받아서 하나님의 기뻐하는 아들딸이 되어야 합니다. 그러면 하나님은 무엇을 기뻐하시나요?

믿는 자를 기뻐하십니다

히브리서 11장 6절에 "믿음이 없이는 하나님을 기쁘시게 하지 못한다"고 하였습니다. 하나님을 의심치 말고 믿어야 하겠습니다. 하나님께 나아가는 자는 반드시 그가 계신 것과 또한 그가 자기를 찾는 자들에게 상 주시는 이심을 믿어야 합니다.

아브라함도 하나님을 믿음으로 하나님께서 그를 높여 자기의 친구라고 하였습니다. 사람과 사람 사이에도 친구가 되려면 서로 믿어야 합니다. 믿음으로 가까워지기도 하고 서로 마음을 주고받으며 숨김없이 다 털어놓고 말하기도 합니다. 부부간이라도 서로 믿음이 없으면 원수가 됩니다. 하나님의 친구가 됨에도 믿음이 필요합니다. 사람도 상대를 믿지 않는 것은 그의 인격을 멸시하는 일입니다. 하물며 하나님을 믿지 아니하면, 하나님을 모욕하는 것이 아닙니까? 그러므로 하나님을 절대로 믿을 것입니다.

믿는 자는 정죄함을 받지 않고, 믿지 않는 자는 정죄함을 받습니다. 하나님이 심판할 때 "너 왜 음란하였나?", "너 왜 도적질하였나?", "너 왜 거짓말하였나?" 하지 아니하고, "너 왜 믿지 않았느냐?", "너 왜 내 아들을 믿지 않았느냐?" 합니다. 지금은 안 믿는 것이 죄의 근본이 됩니다. 믿지 아니함으로 심판을 받을 것입니다. 우리는 온 세상이 다 의심할지라도 하나님을 믿고 절대로 의심치 말아야 합니다.

마음이 선량한 자를 기뻐하십니다
하나님은 얼굴 잘생기고, 말 잘하고, 학식 많고, 행세 잘하는 사람을 기뻐하는 것이 아닙니다. 마음이 선량한 사람을 기뻐하십니다.

아브라함은 조카 롯으로 더불어 집안 살림을 나눌 때 롯더러 네 마음 가는 대로 먼저 택하라고 하였습니다. 롯은 좋은 것을 자기 것으로 택하였습니다. 이 두 사람의 마음은 여기서 분별되었습니다. 아브라함은 그 후 롯이 원수의 손에 잡혀갔을 때 구원하였고, 롯의 사는 곳을 위하여 다섯 번이나 기도하였습니다. 아브라함의 어진 마음이 여러 가지에서 드러났습니다. 아브라함은 결코 자기 욕심을 채우거나 다투지 아니하였습니다.

모세의 마음은 어떠하였습니까? 천하의 겸손한 자라 하였습니다. 여호수아가 장로들이 예언한다고 고발할 때 모세는 "온 이스라엘인이 다 예언하면, 나는 더욱 좋겠다"고 말했습니다. 어떤 사람은 자기보다 나은 자를 시기합니다. 목사끼리 장로끼리도 서로 시기합니다. 그러나 모세는 그렇지 않았습니다. 온 백성이 자기보다 낫기를 바랐습니다. 또 민중이 금송아지를 만들어 예배할 때 하나님은 이 백성을 멸하고 모세의 족속으로 큰 나라를 이루려고 하였습니다. 이때 모세는 하나님의 뜻을 돌이키기 위하여 40일간 금식하고 기도하였습니다. 여러분, 죄짓는 형제를 위하여 금식기도를 한 일이 있습니까? 혹 악한 자의 멸망을 보고, "그럴 줄 알았어, 흥", "망하는 것 싸지, 흥", "흥, 흥, 흥" 하지 않습니까? 이런 것은 다 잘못된 마음입니다.

시어머니 중에 빌어먹을 시어미가 있습니다. 자기도 친정을 떠나 알지도 보지도 못하던 늙은이를 아버지라 어머니라 하는 사정을 알 것이거늘, 며느리를 학대하며 부부간 이간을 붙입니다. 그러면서도 예배당에 와서는 "간절히 간절히 빕니다" 하며 기도합니다. 그런 할머니의 기도와 찬송을 하나님이 들으시겠습니까? 여기 그런 시어머니 오시지 않았소?

어떤 며느리는 맛난 음식은 시어머니 상에, 햇솜은 시어머니 옷에, 아랫목은 시어머니에게, 이렇게 시부모를 공손하게 잘 대접합니다. 이런 며느리는 귀한 며느리입니다. 그런 젊은이의 찬송과 기도는 하나님이 기뻐하십니다. 그러나 어떤 며느리는 햇솜은 제 옷에만 서방 옷에만, 맛난 음식은 제 아이에게만, 시아버지 옷은 빨래도 아니하여 입혀서 그 시아버지는 어디 가면 이가 물어서 버거적버거적 긁기만 합니다. 그런 젊은이의 기도와 찬송은 하나님께서 가증하게 여기십니다.

어떤 청년은 그 아버지가 살림이 넉넉해서 맏딸에게 200석, 둘째 딸에게 100석 기쁘게 줄 때 자기 몫이 엷어질 것은 생각도 아니하고 작은누이도 맏누이와 같이 200석을 주라고 하였습니다. 그런데 어떤 청년은 동생만 좋은 일 시킨다고 비죽비죽하며 야단합니다. 이 둘 중에 하나님이 누구를 기뻐하시겠습니까?

어떤 자식은 부모에게 효성이 지극하여 늙은 부모에게 용돈도 드리고 의복과 거처를 깨끗하게 해 드리고 매사에 의논하는데, 어떤 자식은 병든 부모를 더러운 곳에 두고 자기는 부부끼리 '히히 해해' 하며 기뻐합니다. 하나님은 누구의 기도를 들으시겠습니까?

마음을 의젓하게 착하게 먹으십시오. 어질고 깨끗하게 하십시오. 하나님은 우리 육신으로 더불어 교제하는 것이 아니라 우리의 마음으로 더불어 교제하십니다.

장성하는 자를 기뻐하십니다

부인들의 고생은 다 말할 수 없습니다. 밥 짓는 일은 쉬운 일입니까? 아침 점심 저녁, 또 아침 점심 저녁, 또 하고 또 해도 끝이 나지 아니합니다. 빨래하는 것도 그러합니다. 바람이 불어도 비가 와도 추워도 더워도 언제든지 구질구질합니다. 그보다도 아이 낳는 것은 더 큰 고생입니다. 아이 밸 때는 배가 불러서 숨이 가쁘고, 낳을 때는 고통이 견줄 만한 것이 없을 정도로 크고, 낳은 후에는 기르느라고 수고합니다. 그런데 또 낳고, 또 낳고, 어떤 이는 해마다 낳습니다. 늙은 후에는 손자 보느라고 애를 씁니다. 저는 이것을 볼 때 어떤 때는 여자가 되지 않은 것을 감사합니다.

그러나 여자들은 다른 사람들이 도저히 보지 못하는 맛을 봅니다. 이것은 아이 키우는 재미입니다. 저의 며느리를 보니 아이 낳기 전에는 매일 거울 앞에서 얼굴 단장 몸치장하느라고 이쪽저쪽 보기에 겨를이 없더니, 아이를 낳은 후에는 아이 어르느라고 얼굴 단장과 몸치장은 잊어버리고 말았습니다. 여자는 그 맛에 삽니다.

이와 같이 하나님도 우리의 자라는 것을 기뻐하십니다. 여보시오, 우리 믿음이 일취월장하는 것을 하나님이 무엇보다도 기뻐하십니다. 어떤 아이가 밤낮 울기만 하고 크지 못하면 부모는 근심합니다. 신자가 자라지 않고 작년이나 올해나 10년 20년을 그 모양으로 싸우고, 그 모양으로 시기하고, 그 모양으로 모든 나쁜 짓을 하면 하나님은 근심할 수밖에 없습니다.

순종하는 자를 기뻐하십니다

저는 누구에게 욕을 단단히 하라 하면 이렇게 하겠습니다. "너는 부인을 얻어 올 때 얼굴은 곱지만 물 가져오라면 불 떠오고, 앉으라면 서고, 들라면 놓고, 이렇게 하라면 저렇게 하는 반대로만 행동하는 여인과 살아라." 제일 좋은 부인은 순종하는 부인, 제일 좋은 아들은 순종하는 아들입니다. 제가 어떤 시집갈 여자에게 이렇게 말했습니다. "너는 신랑과 시부모에게 드릴 값진 예물을 가지고 가야 한다. 그것은 곧 순종이란 예물이다."

사무엘 선지자가 사울 왕에게 한 말씀 중에 이런 말씀이 있습니다.

"여호와께서 번제와 다른 제사를 그의 목소리를 청종하는 것을 좋아하심 같이 좋아하시겠나이까 순종이 제사보다 낫고 듣는 것이 숫양의 기름보다 나으니 이는 거역하는 것은 점치는 죄와 같고 완고한 것은 사신 우상에게 절하는 죄와 같음이라 왕이 여호와의 말씀을 버렸으므로 여호와께서도 왕을 버려 왕이 되지 못하게 하셨나이다"(사무엘상 15:22-23).

하나님께 순종해야 합니다. 어떤 때는 우리 마음에 합하지 않아도 순종해야 합니다. 하고픈 것을 아니하는 것, 아니하고픈 것을 하는 것, 어떤 때는 패가망신, 어떤 때는 죽는 데까지 이를지라도 순종해야 합니다. 아브라함을 보지 못하였습니까? 100세에 독자를 드리지 아니하였습니까? 하나님은 오래 참으시나, 순종치 않는 자를 끝까지 참지 못하십니다. 거역하면 진노하십니다. 이 세상은 거역하는 세상입니다. 음란하지 말라는데 음란하고, 술 먹지 말라는데 술 먹고, 싸우지 말라는데 싸우고, 교만치 말라는데 교만하고, 속이지 말라는데 속입니다. 그러므로 하나님은 세상을 멸하실 것입니다.

형제여, 깊이 생각하십시오. 내가 불순종하면서 하나님께 달라고 무엇을 청하는 것이 없습니까? 마땅히 하나님께 무엇을 받고자 하는 대로 하나님을 순종하십시오. 하라 하면 하고, 하지 말란 것은 하지 마십시오. 이론은 소용없습니다. 절대 순종하십시오.

결론. 하나님의 기뻐하는 자녀가 얼마나 좋은가?
첫째, 하나님은 자녀를 보호하십니다.
하나님의 기뻐하는 자녀인 줄 모르고 하만이 모르드개를 나무에 달아 죽이려다가 도리어 자기가 달려 죽었습니다. 하나님의 기뻐하는 자녀인 줄 모르고 다리오의 신하들이 다니엘을 사자굴에 넣었다가 자기가 먹혔습니다.
둘째, 하나님은 자녀의 기도를 들으십니다.
엘리야가 바알 신의 제사장과 내기하여 이긴 것은 하나님이 엘리야의 기도를 들으신 까닭이 아닌가요? 하나님이 그 사람의 기도를 듣는다면 이 얼마나 큰 권세입니까? 천도교인들이 천도교 의식에서 사용하는 주문, 즉 "하늘님을 모시고 조화를 정하나니 그 영원 불변한 은혜를 잊을 수가 없다"를 30년 불러도 그 기도를 듣는 이가 없으니 아이들의 장난이나 마찬가지입니다. 그러나 하나님은 자기의 기뻐하는 아들딸의 기도를 들으십니다.

1919년 11월경 내가 경상도 현풍에서 부흥회를 인도할 때 10년 전에 아래턱이 떨어진 사람이 입을 벌리고 침을 흘리며 들어왔습니다. 이 사람은 턱이 떨어져 거지가 되어 막대로 대문을 두드려 밥을 얻어먹음으로 막대 거랭이(거지)라고 하였습니다. 밥을 얻어서는 물에 말아 누워서 목구멍으로 넘겼습니다. 이 사람은 선비였고, 글로 써서 서로 묻고 답하는 형식으로 전도를 받아 예수를 믿었습니다. 저는 이 사람을 위하여 3-4일간 간절히 기도하였습니다. 그러나 아래턱은 올라가지 않았습니다. 저는 조금 민망해져서 눈물을 흘리며 1일간 식음을 전폐하고 기도하였습니다. 아! 그 사람의 아래턱이 올라갔습니다. 제가 먹던 곶감을 주니 쩝쩝하며 먹었습니다. 또한 찬송을 불렀습니다. 이 한 사람의 아래턱이 올라감으로 수배 명의 아래턱이 내려가 모두 입을 벌리고 혀를 내밀고 찬탄하고 놀랐습니다. 하나님께서 저의 기도를 들으신 것입니다.

신앙세계. 제9권 1호. 1940. 1.

이때는 깰 때다

마가복음 13장 33절, 데살로니가전서 5장 6절

> 주의하라 깨어 있으라
> 그 때가 언제인지 알지 못함이라(마가복음 13:33)

우리 예수의 도는 이상한 도입니다. 처음부터 나중까지 이적으로만 진행한다고 하겠습니다. 아주 형편없고 보잘것없는 것이 업신여김을 받을 대로 받고, 갖은 장애를 겪어야 발전되는 도입니다. 예수께서 나실 때 굉장하기는 했으나 태어나기는 가장 빈천貧賤한 곳이었으니, 말구유 안의 강보 속에 보잘것없이 나셨으며, 나중에는 안타깝게도 십자가에서 죽으셨으니 아무도 기대하지 않는 생애였습니다.

또 가장 거짓말 같은 그의 사적이 있으니 보십시오! "1,900여 년 전에 처녀가 아이를 낳았다" 하며, 또 "그는 십자가에 죽으셨다가 다시 살아나셨다", "승천하셨다", "떡 다섯 덩이로 5,000명을 먹이셨다", "죽은 사람을 살렸다", "나면서 눈먼 자를 뜨게 하셨다" 등 아주 허황된 듯한 말들입니다. 그래서 듣는 사람마다 욕하고 반대하며 조롱하고 업신여겨서 국가나 정부에서 없이 하려고 했을 뿐 아니라 지식인 계층에서도 없애려고 한 것으로, 실로 온갖 방해를 통해서만 자라난 도입니다.

우리 한국에서만도 몇만 명의 선혈이 흘렀으며, 외국에서는 또 어떠했습니까? 그러나 이러한 가운데서도 자라고 자라서 지금은 세상의 몇억만 민족에게, 또 땅끝까지 쫙 퍼졌으니, 이것이야말로 기이한 일이 아니고 무엇입니까? 이것이 이적이 아니고 무엇입니까? 자연의 이치로는 도무지 왕성하지 못할 도입니다. 십자가가 주님 당시에는 얼마나 끔찍하고 낮은 형틀이었습니까? 그러나 오늘날의 십자가를 보십시오! 십자가가 아니면 전쟁을 그치게 못하며, 십자가가 아니면 배도 구원을 못합니다. 십자가 아래에 집중한 사람이 얼마이며, 십자가 아래 세워진 건물이 얼마이며, 십자가 아래 있는 재산이 얼마입니까? 과연 놀랄 수밖에 없습니다. 이것이 이적이 아니고 무엇입니까? 마찬가지로 오늘날 예수님의 재림에 대해서도 사람들은 허황하게 압니다. 그러나 과거에 허황한 일로 알았던 것이 참이 되었다면, 미래에 남아 있는 이 한 사실을 못 믿을 이유가 무엇입니까? 어찌 의심함이 옳겠습니까! 이제 성경에서 가르친 대로 말세가 왔으니, 그 징조를 보십시오.

사람의 지식이 극도로 밝아진 여러분! 생각해 보십시오. 6,000여 년 동안 솔개와 까마귀가 나는 것은 보아 왔지만, 오늘날의 전기의 조화와 같은 것은 보지 못했습니다. 옛사람도 사람이요 오늘의 사람도 사람인데, 어찌하여 옛사람은 저렇듯 지혜가 없었고 오늘의 사람들은 이렇듯 지혜가 많아졌습니까? 이것은 우연한 일이 아닙니다. 성경에 예고한 대로 말세에 사람의 지혜를 열어 주신 까닭입니다. 저 비행기를 볼 때 그저 그렇구나 하고 보십니까? 아닙니다. 의미심장한 것으로 그냥 볼 바가 아닙니다. 다시 한 번 생각할 필요가 있습니다. 라디오, 전차도, 어느 것이나 다 우연한 일이 아닙니다. 결단코 우연이 아니란 말입니다.

악이 극성함을 보십시오. 오늘처럼 보잘것없이 메마르고 스산한 모습의 세대가 어디 있었습니까? 자식이 부모를 거역하며, 부부끼리 이혼하기는 일상사로 알고, 악한 시어머니들은 밤낮 며느리를 내어 쫓기만 꾀합니다. 지식계급에 있다는 자들은 무신론이나 부르짖고, 공산당들은 예수교를 박멸하고자 하여 일거에 70여만 명을 살육한 일이 있습니다. 사람 죽이기만 일삼는 시대가 왔습니다. 사람마다 누구를 막론하고,

남이 망하는 것을 좋아하는 시대입니다. 아! 참으로 치가 떨리는 세대입니다.

애정이 점점 식어짐

오늘 우리 신자들은 밤낮 사랑, 사랑하며 떠들기는 무던히 떠듭니다. 그러나 싸움 잘하는 데는 예수교인이 제일이라 할 만합니다. 만나면 외적인 형식으로 손목 잡고 "하우 두 유 두?" 하지만, 돌아서면 주먹질합니다. 기도는 길게 잘하면서, 마음속으로는 "그놈 망해 버려라" 하는 교인이 많습니다. 그러고는 목사를 치며, 직분자를 공갈하고, 삯꾼을 희롱하며, 가난한 사람을 업신여기며, 걸인을 꾸짖습니다. 교우들이여! 겉으로는 사랑하고 속으로는 저주하니, 그 마음자리를 가지고 천국을 갈 수 있겠습니까? 정신 차리지 않으면 위태합니다.

또 오늘날 우리 교회 안에는 무슨 교파가 그리 많은지요? 100여 개의 교파가 된다고 하니 밤낮 교파 다툼 때문에 정작 교회는 점점 쇠하여지며, 불신자가 예수를 믿으려 해도 어느 교파를 믿어야 할지 몰라서 방황합니다. 마치 러시아 도적들이 파당을 많이 지어 다니다가 한 사람을 치고 빼앗은 후, 각기 저마다 "나는 무엇을 잃었다", "나는 아무것도 잃었다"라고 소란을 피우는 바람에 잃어버린 사람은 눈이 멍하여 달아

나는 것과 마찬가지입니다. 우리가 예수만을 위하여 일하는 것이 옳지 않습니까? 또 밤낮 겸손, 겸손하면서 제일 교만해져 가니 잘못하다가는 허리가 뒤로 젖혀져 부러질까 두렵습니다. 여러분! 이때는 깰 때가 아닙니까!

믿음이 박약해 감

주님은 "내가 올 때 믿음이 있는 자를 보겠느냐"(누가복음 18:8) 하셨는데, 참으로 오늘날 직분자에서 평신도에 이르기까지 너무 게으릅니다. 어떤 사람들이 기도를 잘 못하므로 실수하였다고 기도를 반대하는 목사가 있다고 하니, 이것이 웬일입니까? 밥 먹다 체했다고 다시 밥을 안 먹습니까? 자동차에 치여 죽은 것을 보고는 다시 자동차를 안 탑니까? 우리 주 예수님은 밤이 맞도록 기도하셨고, "기도 외에 다른 것으로는 이런 종류가 나갈 수 없느니라"(마가복음 9:29)고 말씀하셨습니다. 성경은 "쉬지 말고 기도하라"(데살로니가전서 5:17) 하셨는데, 이제 어느 목사 또는 선생이 기도하는 것을 반대하다니! 아! 이것, 참 원통합니다. 이것 참 야단났습니다. 어찌하여 주의 교훈을 거스릅니까? 어찌하여 주의 말씀을 무시합니까? 여러분! 참으로 가슴이 아픈 일입니다. 어찌하여 오늘날 허수아비 신자가 이다지도 많습니까? 성경책은 갖고 다니지만 속

사람은 다 죽은 사람이 많으니, 이 일을 어찌합니까? 이제 오늘 밤 주께서 오신다면 앉았던 의자 밑으로 기어들 사람이 많겠으니, 이 일을 어찌하면 좋습니까?

김익두 목사 설교집 및 약전집. 1969.

처음 믿음을 잃지 마라

> 우리가 시작할 때에 확신한 것을 끝까지 견고히 잡고 있으면
> 그리스도와 함께 참여한 자가 되리라(히브리서 3:14)

모세의 지팡이가 변하여 뱀이 되고, 모세의 손이 변하여 문둥이가 되는 것을 본 이스라엘 민족은 처음으로 이상한 이적과 기사를 보고 따라서 광야까지 나왔으나, 그 마음속에 염증이 나서 모세를 배척하고 하나님을 원망하였습니다. 그러므로 하나님은 열매 없이 형식만 보고 따르는 백성을 원치 아니하시어 한번 노하시매 다 광야에서 쓰러져 죽어 버렸습니다.

제가 주를 믿은 지 오늘까지 24년이나 되지만, 저하고 같이 믿어 나오던 자를 다 찾아볼 수 없습니다. 무슨 까닭이오니까? 어떤 사람은 술집에서 술주정꾼 노릇을 하는 자도 있고, 어떤 자는 낙심해서 마귀의 종노릇 하는 자도 있습니다. 오늘 저녁도 믿기로 맹약하는 이가 많겠지만, 그 사람들이 다

끝까지 믿어 완전한 결실을 할는지 의문이외다. 이것이 다 무슨 까닭이오니까? 이것은 꼭 이유가 있는 줄로 압니다. 이제 그 이유를 생각해 봅시다.

성경을 읽는 규칙을 세우시오

사람이란 규칙을 세워서 그대로 나아가면 자연히 습관이 되어서 성경 읽는 버릇이 생깁니다. 우리가 믿음을 잃지 않고 굳게 붙잡을 방책은 다른 데 찾을 곳이 없고 성경 보는 데 있습니다. 성경 읽지 않는 자는 진리를 알 수가 없고 진리를 알지 못하는 자가 신앙이 생길 수 없습니다.

성경은 신자의 신령한 양식이외다. 우리가 밥은 한 끼만 잘못 먹어도 신체 건강에 큰 문제가 있는 것처럼 생각합니다. 이와 같이 영혼의 양식인 성경을 읽지 않으면 자연히 그 신앙은 뿌리가 박히지 못하여 바람에 흔들려서 조그마한 시험을 당하여도 가만히 서서 막지 못하고 넘어질 것은 정한 이치이외다. 그러므로 실지實地(실제로 있는 땅이나 장소)가 없는 이스라엘이 광야에서 다 죽었으며, 나와 함께 믿었던 모든 친구가 다 흑암에서 여전히 신음하는 것이외다.

오늘 새로 믿고자 하는 형제자매여! 여러분은 성경 읽기를 힘쓰시오. 그리하여야 처음 믿는 신앙을 굳건히 잡고 나가는 영원한 복락을 받겠습니다. 오늘 여러 청년의 병은 이 성경을 아주 볼 것이 없는 책으로 알아서 무식한 글로 여기는 것이외다. 여러 청년 제군이여, 제군이 실제로 이 성경을 중히 생각하느냐, 저 다른 학문을 귀히 여기느냐 하면 진정 양심의 대답으로 속임 없이 말한다면, 다 세상 학문을 귀하게 안다고 하겠소이다.

여러분이 나를 속이지 못할 것은 신문이나 잡지나 혹 시집이든지 소설 같은 것은 하루라도 빠지지 않고 보는 자가 많아도 이 성경을 매일 하루도 빼놓지 않고 읽는 자가 없는 것은 사실이외다. 제군이 무식하다고 업신여기지 말고, 어떠하든지 다른 학문과 같이 읽어 보시오. 자연히 얻는 학식이 비할 수 없이 많을 것이며, 인격의 고상하여짐은 다른 모든 서적보다 힘이 세리라. 청컨대 제군은 스스로 지혜 있는 체하여 이 하나님의 말씀인 성경을 업신여기지 말고 애독하여 주기를 바랍니다.

은밀한 기도를 많이 하시오

은밀한 기도를 하지 않으면 믿음을 도저히 유지하지 못합니다. 예수께서도 항상 조용한 곳을 찾아서 늘 기도하셨습니다. 기도란 종교의 마음이라고 할 수 있습니다. 그러므로 기도가 없는 종교는 생명이 없는 종교입니다.

종교생활은 곧 기도로 심령을 수양하는 신령적 생활이외다. 그러므로 늘 기도하는 자의 효과는 거대하여 말로 다 할 수 없습니다.

기도의 생활을 하는 사람은 인생 최고의 착하고 아름다운 취미를 가지고 최상의 자유를 얻는 영적인 능력의 생활을 하게 됩니다. 기도는 어느 것이든지 다 지상의 권위인 하나님께 의뢰하고 모든 만사를 다하나니, 뜻을 복종하려 하여 그와 같이 정결한 품성과 평온하고 평화한 기질을 가져서 자연으로 완전한 인격을 가지게 될 것이외다.

그러므로 기도는 곧 품성 설립에 큰 전장이라. 육신은 세상 욕심을 좇아 무한한 고통으로 악하게 싸움질을 합니다. 그러므로 바울도 "오호라 나는 곤고한 사람이로다 이 사망의 몸에서 누가 나를 건져내랴"(로마서 7:24) 하였습니다. 우리는 항상 기도하여 품성을 항상 지켜야 하겠으며, 기도함으로 하나님을 더 알게 되었으니 어찌 중도에 낙심하는 지기 되겠습니까?

형제여, 바울의 말씀과 같이 기도할 것뿐이외다. 빌립보서 4장 6-7절에 "아무 것도 염려하지 말고 오직 모든 일에 기도와 간구로, 너희 구할 것을 감사함으로 하나님께 아뢰라 그리하면 모든 지각에 뛰어난 하나님의 평강이 그리스도 예수 안에서 너희 마음과 생각을 지키시리라" 하였습니다. 구원하면 우리는 모든 것을 이루겠고, 큰 소망의 소망을 찾겠습니다. 형제여, 은밀한 기도를 게으르게 하지 말고, 열심으로 하여 가장 선한 인격을 이루기를 바랍니다.

남을 인도하여야 하겠습니다

먼저 각각 자기 맘속에서 불이 붙어야 하겠습니다. 뜨뜻미지근하여 덥지도 않고 차지도 아니하면 자연히 식을 날이 있겠습니다. 마음이 늘 끓어 더워지는 법은 다름이 아니고 남을 인도함에 있습니다. 형제들이 오늘 믿고 그저 앉아서만 있으면 아무 재미를 볼 수 없으리다. 나아가서 아는 사람이나 친척이나 모르는 사람이나 만나는 대로 권고하여 교회에 들어오게 하면 그 사람도 구원 얻고, 형제들도 마음이 부흥하여지고 교회가 부흥하여지리다.

형제여, 나아가 아니 믿는 사람을 인도하는 것은 형제의 책임이 아닙니까? 형제만 구원 얻고 남은 죽는 곳에 두면 어찌할 일이겠소? 열심히 전도하여 남을 주 앞으로 인도합시다.

미국 무디 선생의 전도하는 방법은 성경을 사서 다른 불신자를 줘서 믿게 하고, 그 형제가 완전한 신자가 되면 그 성경을 또 그 형제의 불신하는 친구에게 팔아서 그 사람이 또 믿게 하고, 이같이 하여 믿는 사람이 많이 나오게 된다고 합니다. 우리도 그와 같이 다 성경을 사서 아니 믿는 사람에게 줍시다. 그같이 하면 자연히 성경을 팔기 위하여 전도는 잘 되겠습니다. 이같이 되면 같이 믿는 형제도 얼른 열심이 생기고 믿음이 생겨서 견고한 믿음을 가지게 되겠습니다.

형제여, 우리가 다 처음 믿은 신앙을 견고히 잡아서 잃지 아니하여야 하겠습니다. 처음 믿음을 잃지 않는 방책은 다른 곳에 없고, 항상 성경을 읽고 기도하고 규칙을 세워 전도하면 자연 습관이 되어 처음 얻은 은혜를 가지고 나아갈 수 있습니다.

신앙의 로. 1924.

김익두 목사 연표

1874년 11월 3일	황해도 안악군 대원면 평촌리에서 출생.
1880년	유서 및 선법을 공부.
1889년	과거시험에 응시하나 낙방.
1890년	상업활동 시작하나 실패.
1900년	전후 기독교로 회심함.
1900년	소안련 선교사에게 세례를 받음.
1901년	재령읍교회 전도사 부임.
1901년 10월	황해도 신천으로 사역지를 옮겨 24년간 사역.
1906년	평양신학교 입학.
1910년	신천 새 예배당 건축. 평양신학교 3회 졸업 및 목사안수.
1911년	부흥회 인도와 치유의 기적 시작.
1920년	제9회 대한예수교장로회 총회장 선출.
1926-27년	서울 남대문교회 담임.
1935-38년	서울 승동교회 담임.
1942-45년	태평양전쟁 등으로 일선에서 후퇴함.
1946년	북한기독교연맹 가입.
1947년	이북 교회를 순례하면서 부흥회 인도.
1950년 10월 14일	새벽예배 후에 후퇴하는 인민군의 총탄에 의해 피격.

참고문헌

1차 문헌 자료

김익두. 신앙(信仰)의 로(路). 1924.
1924년 초에 간행된 것으로 보이는 이 책은 김익두 목사의 설교 총 16편을 담고 있다. 일명 '김익두 목사 강연집'으로 알려진 이 책은 《이적명증》이 나오는 시기, 즉 김익두 목사가 가장 논란이 되던 때에 간행된 것으로 중요한 설교 모음집이다.

최인화 편. 김익두 목사 설교집. 신문당. 1940; 성광문화사. 1976. 재판.
1940년 3월에 최인화가 김익두 목사의 설교 13편을 모아 출간한 책(총 106쪽)으로 1976년에 계원순이 재판을 찍었다. 《신앙의 로》와 함께 가장 중요한 설교 선집이다.

림택권 편. 조선예수교회 이적명증. 조선예수교서회. 1921.
1919년 12월부터 1921년 1월 사이에 김익두 목사가 일으킨 이적을 총회의 인준을 받은 본이적명증회위원(本異蹟明證會委員)들이 모아서 출판한 책. 전국에서 일어난 일을 조사하며 기록했고, 좀더 많은 사람이 읽을 수 있도록 순언문으로 작성하였다. 총 10장, 107쪽으로 구성되어 있다.

이성호 편. 한국 신앙 저작집 4: 김익두 목사 설교 및 약전집. 혜문사. 1969.
1969년에 이성호가 발간한 김익두 목사 설교 선집으로 총 18편의 설교를 담고 있으며, 김인서 목사가 쓴 김익두 소전(所傳)도 담겨 있다.

김익두. 조선예수교회 이적명증. 키아츠. 2008.
한국 기독교의 중요한 원전 자료를 한글, 영어, 원본 이미지로 출간한 키아츠 〈한국 기독교 고전 선집〉의 두 번째 책. 이 책은 기적을 직접 경험했다고 주장한 사람들의 사진을 비롯하여 부흥회와 사경회의 모습, 김익두 목사 사진 등의 다양한 모습을 생생하게 담고 있다.

최선 편. 김익두 설교집. 한국문학방송. 2015.
김익두 목사의 17편의 설교를 정리하여 출판한 전자책이다.

참고문헌

2차 문헌 자료

단행본

오병학. 김익두. 규장. 1995.
신앙위인전기 시리즈 가운데 하나로 출간되었으며 청소년들이 읽기 쉽게 구성되어 있다.

이태선. 불의 사자 김익두 목사. 보이스사. 1993.
김익두 목사와의 개인적인 경험에 근거하여 쓴 김익두 목사의 전기로 책의 뒷부분에 9편의 김익두 목사 설교를 담고 있다.

최 현. 대부흥사 김익두. 예루살렘. 2000.
총 3장으로 이루어진 김익두 목사 일대기와 10편의 설교를 담고 있다.

김원민 글, 문상우 그림. 불의 사자 김익두. 보물지도. 2016.
김익두 목사의 일대기를 만화로 구성한 책이다.

학술지에 실린 연구 논문

권 평. 1919~1920년대 초 김익두 부흥운동의 의미. 교회사학 13. 2014.
민경배. 김익두 목사의 부흥운동과 그의 치병문제. 동방학지 54-56. 1987.
박명수. 1920년대 초 김익두의 산유운동. 교수논총 14. 2003.
양현표. 김익두 목사의 생애와 신학. 신학지남 81. 2014.
유금주. 3·1운동을 전후한 한국 교회 부흥운동: 길선주와 김익두의 부흥운동을 중심으로. 신학논단 30. 2002.
윤은석. 김익두 목사의 신유부흥운동의 양상에 대한 역사적 연구-기독신보를 중심으로. 대학과 선교 54. 2022.